애지시선 076

총잡이

2018년 6월 30일 초판 1쇄 발행

지은이 이동호
펴낸이 윤영진
편　집 함순례
홍　보 한천규
펴낸곳 도서출판 애지
등록 제 2005-000005호
주소 34570 대전광역시 동구 대전천북로12
전화 042 637 9942
팩스 042 635 9941
전자우편 ejiweb@hanmail.net

ISBN 978-89-92219-75-4 03810

* 이 책은 대산문화재단에서 지원한 대산창작 지원금을 수혜하였습니다.

애지시선 076

총잡이

이동호 시집

□ 시인의 말

여물지 않은 몸으로 고추밭을 지나가기가 부끄럽다
고추는 저리 자연스럽게 붉은데
나는 아직 파랗다
나는 언제쯤 저 고추처럼 붉게 잘 익어
풍성하게 수확될까

새 한 마리 머리 위 나뭇가지에 앉았다가
노동요를 뚝 꺾어 바닥에 던지고는 날아간다
여자들은 쪼그려 앉아 산의 사타구니 아래
천연히 손을 집어넣고 여전히 바쁜 손놀림이다
나는 머리끝까지 노을을 뒤집어쓰고는
얼른 밭두렁을 지나간다

내놓고 다녀도 아무도 건드리지 않는
내 청춘이 너무 부끄럽다

2018년 여름
이농호

차례

제3부

제1부

사물함

오래된 동네가 재개발되면서 새 아파트가 들어섰다
아파트 속에 초등학교도 새로 들어섰다
아파트에 갓 입주한 엄마가 어린 아들의 주머니에
새 열쇠를 넣어주었다
바지 주머니에 열쇠가 박히자 아이가 덜커덩 열렸다
엄마가 아이 속에 있는 것들을
모조리 바닥으로 쏟아버렸다
아이는 금세 텅 비었다
엄마는 아이 속에 바뀐 호수며 집 전화번호 등을 새로 넣었다
아이는 다시 꽉 채워졌다
주머니 속에 꽂힌 새 열쇠를 만지작거리며
아이들이 등교를 했다
교실마다 사물함들이 가득 놓여있었다

총잡이

며칠째 아무런 일도 일어나지 않았다
나는 어머니로부터 물려받은 권총만 종일 만지작거린다
몸속에 총알이 가득 찰 때마다 몸이 근질거리는 것은
내가 타고난 총잡이이기 때문이다
난사亂射는 하수나 하는 짓이다
나는 화장실 변기통을 향해 권총을 정조준한다
총알에 맞은 물들이 튀어 올랐다가 축 늘어진다
죽은 물은 관을 타고 정화조에 가 묻힌다
정화조는 죽은 물들의 공동묘지이다
며칠째 아무런 일이 일어나지 않아 속상했다
은행에 강도가 침입했으면 좋겠다
나는 종일 텔레비전을 켜놓고 강도를 응원하며,
그가 영원히 잡히지 않기를 신에게 빌 것이다
나나 당신이나 시간장치를 풀 용기가 없는 자이다
사타구니에 총을 차고 수시로 은행문을 드나들겠지만,
총을 한번 폼 나게 제대로 빼어든 적 있는가
텅 빈 통장의 잔고를 확인하며

총알이 박힌 듯 아프게 은행문을 돌아서 나왔던
불쌍한 당신이나 나나,
축 늘어진 총구를 세워 달마다 여자 몸속의
둥근 표적을 향해 무수히 연습사격을 한들,
총알낭비 아니겠는가

과녁
— 러시안룰렛

거리를 걷고 있었다
나무들이 붉게 달아오른 잎사귀를 장전하고 있었다
나무들이 방아쇠를 당기고 있었다
나뭇잎은 천천히 허공을 회전하면서 빠져 나오다가 청춘 남녀의 머리 위로 떨어져 내렸다
나무 아래 과녁이 된 사람들이 서로의 품속으로 쓰러지고 있었다
나도 어딘가로 쓰러지고 싶었지만 나를 받아낼 품이 없었으므로
죽고 싶은 가을이었다

육교 중앙에 한참을 멈춰 서서 아래를 내려다보고 있었다
육교 아래 끊임없이 자동차가 장전되고 있었다
울적했으므로 나를 육교 아래로 당기고 싶었지만 나는 누군가 쓰다버린 탄피였다
나는 여기저기 버려져 있었다

뒹구는 낙엽들이 내가 쓰다버린 편지지 같아서 이 울화는,
아무리 쏘아대도 잘 해소되지 않는 것이다

소주병은 왜 던지기에 알맞은 손잡이를 가졌을까
나는 왜 비틀어 잡기 쉬운 가는 목을 가졌을까
소주를 깠다 내 속에 털어 넣고 나면 수시로 터지는 감정들이다
세상을 터뜨릴 듯 고함을 질렀지만,
터지는 것은 내 몸뿐이었다

택시를 탔나 총알택시였다 아, 나는 총알 탄 사나이였다
나의 표적은 사랑이 아니다 나는 곧,
집에 가 박힐 것이다

우물

내 맞은편에 앉은 그는 유달리 목이 길어서 몸속에 가득 고인 그의 목소리를 들을라치면
아직도 한참을 기다려야 한다
기다리는 동안 나는 차 한 잔을 다 마신다 그의 찻잔에는 커피가 아직도 반쯤 남아있다
한 잔의 찻물이 내 방광까지 다 내려갈 동안, 그가 마신 반잔의 커피는
아직도 그의 목구멍을 통과하고 있을지도 모른다
'바람직한 화법' 중에는
화자가 말하는 동안 청자가 화자의 눈을 마주 보기보다는
셔츠의 첫 단추 부분을 바라보는 것이 좋다는 말이 있다
불안한 그의 눈동자를 뚫어지게 바라보고 있던 내 눈을 아래로 내려
그의 첫 번째 단추를 서둘러 찾았지만 쉽지 않다
사람들이 그와 이야기하기를 꺼려하는 것은,
그가 목소리를 몸통 속에서 퍼 올리는 동안

보통 사람보다 한참을 내려가야 하는 시선 처리의 어려움 때문일 것 같다

그의 머리 위에는 장식 알전구가 십리나 떨어진 변전소에서 긴 전선으로 뽑아 올린 불빛 환한데,

창밖에는 두어 계절 내내 나무가 땅 속에서 길어 올린 단풍 무척 붉은데,

우물처럼 긴 목을 하고 그는 왜 자꾸 망설이는가

두레박이라도 있었으면 좋겠다

닫힌 그의 입을 열고 아주 긴 목 속으로 첨벙 두레박을 던져 넣고, 그의 목소리를 퍼 올리고 싶다

그의 목소리는 그가 스스로 끌어올리기에는,

너무 깊은 곳에 있다

과녁

나뭇잎 하나 수면에 날아와 박힌 자리에
둥그런 과녁이 생겨난다
나뭇잎이 떨어질 때마다 수면은 기꺼이 물의 중심을 내어준다
물잠자리가 날아와 여린 꽁지로 살짝 건드려도
수면은 기꺼이 목표물이 되어준다
먹구름이 몰려들고 후두둑후두둑
가랑비가 저수지 위로 떨어진다
아무리 많은 빗방울이 떨어지더라도 저수지는
단 한 방울도 과녁의 중심 밖으로 빠뜨리지 않는다
저 물의 포용과 관용을 나무들은
오래전부터 익혀왔던 것일까
잘린 나무 등걸 위에 앉아본 사람은 비로소 알게 된다
나무속에도 과녁이 있어 그 깊은 심연 속으로
무거운 몸이 영영 가라앉을 것 같은,
나무는 과녁 하나를 만들기 위해
오랜 세월 한자리에 죽은 듯 서서

줄곧 저수지처럼 수위水位를 올려왔던 것이다
화살처럼 뾰족한 부리의 새들이
하늘 위로 솟구쳤다가 나무 위로
뚝뚝 떨어져 내리는 것은, 명중시켜야 할 제 과녁이
나무속에 있다는 것을 알기 때문이다
작년 빚쟁이를 피해 우리 동네 정씨 아저씨가
화살촉이 되어 저수지의 과녁 속으로 숨어들었다
올해 초 부모의 심한 반대로 이웃마을 총각과
야반도주 했다던 동네 처녀가
축 늘어진 유턴표시 화살표처럼
낚시 바늘에 걸려 올라왔다
얼마나 많은 실패들이 절망을 표적으로 날아가 박혔던가
눈물이 된 것들을 위해
가슴은 또 기꺼이 슬픔의 중심을 내어준다
죽음은 늘 백발백중이다

함경도

남쪽으로 가는 기차를 타기 위해 대합실에 앉아 있다
나는 피난민이 아니다, 하여 가져갈 봇짐도 없다
함경도가 고향이라는 옆 아저씨의 말씨에도
이제 전운은 감돌지 않는다
우리가 가졌던 불운한 역사라는 것도
현관문을 나서다 맞이한 시계탑이다
오늘은 예순 일곱 번째 전쟁 기념일,
역사 앞 앵벌이의 모자 속에 동전을 던져 넣으며,
나와 아저씨는 3 · 8선을 스치듯 각자
다른 현관문으로 들어섰다가 이 자리에서 만난 것인데,
생면부지의 그와 내가 자연스럽게 하나가 된 것은
첫 음절에서 액센트가 시작하는 그의 억양과
첫 음절에서 강세가 시작하는 내가 쓰는 부산 말이,
이미 전란 중에 한번 만나 닮아 있는 탓이다
그렇게 그는 혈혈孑孑이지만, 나는 단신單身이었다
부산을 갈 때마다 그때가 생각난다며
피란 가듯 아저씨가 내려놓는 큰 가방 속에는,

아직도 가보지 못한 함경도가 들었는지,
하늘은 그의 흰 보따리를 들고 자꾸만 북으로
방향을 틀고 가는데,
텔레비전 속에는 오늘, 기념할 것이 많아
까만 제복을 입은 사람들이 흰 장갑으로 거총 중이다.
텔레비전에서 흘러나오는 군악대의 느린 음악소리를 밟으며,
우리는 패스트푸드점에서 비무장지대로 걸어나온다
그와 나는 양쪽에서 못다 나눈 그의 함경도를 나눠 잡고, 개찰구를 나선다. 열차표를 개찰구에 넣으며
잠시 갈라섰다가 다시 우리가 만난 것인데,
벌써 육십여 년이 흘렀다

편도선

차가 까만 혓바닥을 달려 목구멍에 도착한다

목구멍을 겨우 넘어가면 다섯 개의 장기臟器가 있고,
이 오장五臟을 다 통과해야 항문이 나온다

똥 무더기 같은 우리 집은 아직도 멀다

차가 괄약근이 조금 느슨해진 터널을 겨우 빠져 나온다
성모 병원 앞 편도 2차선 도로 위는 잦은 병목현상이다

어느새 하늘 한 귀퉁이가 빨갛게 부어오른다

도로의 겨드랑이에 꽂은 전봇대를 바라보면,
오늘 저녁의 체감온도는 사십도 이상,
퇴근 무렵의 편도 2차선 도로 위는 너무 뜨거워
병원이 그림자를 길게 드리우고 이마들을 짚어 본다

차가 움직이는 방향으로 조금만 더 가면 주유소가 있고,
차들은 이곳에 들러 링거를 맞는다

아스팔트를 물고 새들이 일제히 날아올라
사방은 깜깜해질 것이고 좀 더 어두워지고 나면,
크고 둥근 항생제 한 알 세상에 투여될 것이다

붉은 노을이 있던 부위는
곧 가라앉을 것이다

Mr. 밥

밥씨, 당신이 방금 내린 비행기에서 모락모락 김이 오르다
부모를 찾아, 형제를 찾아 코리아를 방문한 밥 씨,
당신의 눈에도 적정한 온도로 눈물이 끓고 있다
당신이 모종이었을 때부터 밥이 되기까지의 과정을
나는 소상히 알고 있다
이 땅에서 파종되었지만 당신을 감당할 수 없는
천수답이었던 부모는
파란 눈동자를 지닌 기름진 양부모에게 당신을 옮겨 심었다
그곳에서 학교를 다니고
파란 눈을 가진 여자와 연애하여
당신도 아내도 닮지 않은 두 남매의 아버지로 살아왔지만
밥이 주식이 아닌 나라에서 열매 맺기도 전에
미리 밥이었던 당신은,
늘 설익은 밥이나 삼층밥이 되어 살았을 것이므로

밥씨, 끓고 있는 당신 가슴을 열지 않아도

이제 이 땅의 밥공기마다 김이 모락모락 오른다

당신은 어렴풋이 당신의 성씨가 이씨였을 것이라고 말한다, 그러나

당신은 '밥' 씨이기 이전에도 밥이었음을 나는 알고 있다

떨어져 있는 내내 부모나 형제에게

당신은 늘 먹어도 씹어도 줄지 않는 고봉밥이었다

밥씨, 당신은 눈물 가득 웃으며 전동계단을 내려

예정된 행로를 밟아 과거의 논밭으로 돌아가려 한다

당신의 부모가 여전히 천수답이어도

당신의 눈물은 농사짓기에 적당한 온도의 논문이어야 한다

공항 로비에서 나는 당신을 한 공기 다 비우고서야

그릇처럼 내려놓는다

모래톱 이야기

친구로부터 밥알이 모래알처럼 씹힌다는 말을 들었다
모래가 지금의 알맹이로 변하기까지
얼마나 많은 고난을 극복해 왔는지를 아는 사람은,
모래에 대해 함부로 말하지 않는다
오늘 아침 너는 한 알의 모래 속에서 잠을 깼다
한 알의 모래 속에서 밥을 먹고
한 알의 모래로 지어진 세상으로 출근했다
모래가 없으면 어찌 집을 지을 것이며,
소중한 자식들을 추위로부터 어떻게 지켜줄 것인가
오늘 점심에 먹었던 비빔밥의 재료도
모래가 안아 키운 모래의 자식들이며,
네가 걸어온 길도 모래가 있었으므로 평탄했다
너는 자신을 모래알처럼 보잘 것 없는 존재라고 말하지만
한 알 모래가 된다는 것은 퇴보가 아니다
세상의 끄트머리까지 밀려 한 줌 모래로 쌓였을 때,
날아온 꽃씨 하나를 내치지 않고 온몸으로 품어주었기에

꽃씨는 구석진 곳을 환하게 밝히는 전구가 되었다
꽃씨 하나가 꽃으로 피어나는 것처럼
우리가 사는 이 지구도 수만 년 동안
모래 한 알로 진화해왔다는 것을 한 알 모래로 살다가
낙동강 하구까지 떠밀려 와서야 깨닫는다
상류에서 떠내려 온 모래들이 모래톱을 만든다
작은 것들이 힘을 합쳐 물줄기를 갈라놓는다
바다조차 모래에 안겨 있다

싱크홀

어둑해져 오는 하늘을 올려다보다가 까닭모를 슬픔으로 펑펑 울어본 적 있다면

당신은 지구인이 아닐지도 모른다

세상에 혼자 버려진 것 같고 집밖으로 나가기가 두렵고,

사람을 만나기가 무서운 것은 그들과 태생이 다르기 때문이다

삶이 도저히 견딜 수 없을 때 당신은 다리 위로 향한다

건너갈 세상이 다리의 난간 너머에 있다는 것을 알게 된 것이다

강물 위에 떠 있는 달 속으로 뛰어들고 싶어지는 것은 당연한 일이다

당신의 고향이 달 너머에 있으니까

잠시 주저하였던 것은 아직 확신이 없었던 거다

달은 깊이를 측정하기 힘든 구멍이다

당신은 달을 통해 이 세상으로 추락한 거다

달이 환한 것은 저 구멍 밖에서 누군가 전등을 켜놓았기 때문이다

당신의 안부가 궁금하여 누군가 들여다보고 있는 거다
어둡고 구석진 곳에서 당신이 울고 있을 때,
떨리는 어깨 위에 가만히 달빛을 올려놓는다
지구는 저 구멍 속의 세상이므로 당신의 앞날이 캄캄한 것도 당연한 일이다
세상을 훌쩍 떠나기 위해 당신이 동아줄로 둥근 달을 만들어 목에 거는 것은
이 세상 사람들에게는 낯선 풍습이다
지구를 떠나기 위해 당신은 보름달을 닮은 둥근 알약을 삼키기도 한다
그러나 이 세상을 떠나고 싶어도 마음대로 떠날 수 있는 것은 아니다
당신은 어딘가에 분명 매여 있을 테니까
흐르는 눈물을 손바닥으로 닦아내는 것과
입술을 깨물며 머리를 세차게 가로젓는 것과
두 주먹을 꽉 쥐어 보는 것과
젖은 눈으로도 활짝 웃어 보이는 것은
당신이 가진 초능력들이다

조용한 가족

창문은 반쯤 열려있다
창 밖에서 어둠이 훔쳐보는 줄도 모르고
여자는 TV를 시청하고 있다
그녀의 몸은 소파에 둥둥 떠 있었지만
마음은 이미 그녀를 떠나고 없다
텅 빈 그녀의 몸에서 뻗어나간 다리가
허공을, 밟고 있다
주문도 없이 현관문이 열렸다 닫힌다
발자국 소리도 없이 아이가 제 방에 누워 있다
형광등 불빛이 아이의 목덜미를 깨문다
아이가 돌아눕자 방안이 관속처럼 변한다
아이는 무어라 혼자 중얼거렸지만
소리가 아이의 몸 바깥으로 빠져나가지는 못한다
아이의 귀에는 십자가처럼 이어폰이 꽂혀있다
화장실에서는 알 수 없는 말소리가 들린다
문을 열자 아무도 없다
배수구 틈으로 누군가 있었던 인기척처럼

마른 머리카락이 걸려 있다
머리카락을 잡아당기면
익숙한 머리통이 서서히 끌려나올 것만 같다
거울 속으로 무표정한 얼굴이 잠시 나타났다 사라진다
수도꼭지가 물방울로 배수구를 죽일 듯이
꾹꾹 찔러대고 있다
자정이 지난 다음에야 사내가 돌아온다
사내는 여자를 한번 쳐다보고는
곧장 방으로 들어간다
그런 남자의 뒤통수를 향해 꺾이던
여자의 고개가 다시 TV 속으로
툭, 굴러 떨어진다

리모트 컨트롤

아랫목에 누워 아내가 드라마에 몰입한다
나는 그런 아내를 연속극처럼 바라본다
담벼락 밖으로 감들이 뚝뚝 떨어진다
이 지구가 동그란 리모컨 버튼 같아서
무거운 것들이 땅바닥에 떨어질 때마다
봄은 여름으로, 여름은 늦은 가을로
자꾸만 채널을 바꿔온 것이다
아내와 내가 중년의 나이로 접어든 것은,
아내가 나를, 내가 아내를,
버튼처럼 꾹꾹 눌러왔기 때문이다
드라마가 끝나고 예고편까지 다 보고 나서
아내가 리모컨을 찾는다
그런 아내를 볼 때마다 나는 슬프다
배터리가 나간 리모컨을 아내의 손가락이
신경질적으로 꾹꾹꾹— 눌러대지만,
아내여, 채널이 바뀌는 것은 내 얼굴이다
잠에서 깬 아이를 다시 재우며,

지금은 밤 열한 시이고 나는 배가 고프다
창밖에는 버튼처럼 동그란 달이 떴다
아내의 얼굴 표정이 드라마 같은 날에는,
내 마음이 속 텅 빈 저 보름달 같다
감나무 꼭대기에 올라 나는 저 딱딱한 달을
자꾸만 꾹꾹 눌러대고 싶은 것이다
아무리 눌러대도 창밖은 변화가 없어서
반응 없는 보름달이여, 드디어
건전지 갈 때가 된 것이다

선풍기

아이가 선풍기의 버튼을 꾹 누른다 고체처럼 굳은 공기가 흔들린다 흔들리면서, 선풍기 속으로 빨려 들어간다

선풍기를 완전히 빠져 나오기까지 공기는, 날개의 회전력에 이끌려 엿가락처럼 길게 늘어날 것이고,

옷을 한 벌 해 입어도 될 만큼 가늘어질 것이다

선풍기 날개는 실타래처럼 공기를 돌돌 말았다가 반대편으로 한꺼번에 풀어놓는다

공기는 훨씬 부드러워져서 천 조각처럼 하늘거리리라

공기는 소년에게 감기면 그대로 옷이 되고,

땀에 젖은 옷을 벗었던 아이는,

새 옷을 갈아입은 것처럼 조금 기분이 좋아져서 선풍기 앞에서 이렇게 소리 칠 것이다

아아아—, 아이의 몸을 터져 나온 소리가 선풍기 회전을 역으로 통과하면서 흩날리고,

흩날린 공기는 다시 원래의 공기로 돌아가고,

공기는 늘 아이의 주변을 채우고 있다가 아이가 선풍기를 틀 때마다
옷 한 벌이 된다

봉제공장 탁아소에 앉아 아이가 선풍기를 꾹꾹 눌러대고 있다
바람이 불 때마다 아이가 실밥처럼 날리고 있다
아이 엄마는 재봉틀에 앉아 아아아— 안타까워져서,
낡은 작업복 터진 실밥을 꾹꾹 눌러대며, 아이 생각으로,
빙빙 돌아가고 있을 것이다

酒기도문

거리에서 우연히 동창인 여자를 만났다 퇴근하는 길이었기에 그녀와 함께 포장마차에 들렀다 술이 들어가자 제 삶을 내게 쏟아 부었다 나는 그녀를 위해 기꺼이 술잔이 되어주었다

바다보다 깊은 눈물샘을 가진 그녀는 원양어선 같은 사내와 함께 살았다고 했다 사내는 그녀 눈 속에 둥둥 떠 있다가 얼마 전 그녀를 버리고 술병 속으로 떠났다고 했다 그가 도착한 곳은 막걸리였지만, 그를 찾다가 그녀가 다다른 곳은 소주였다고 했다 그녀는 매일 술병을 비웠지만, 사내를 만날 수 없었다고 했다

사내의 목소리가 듣고 싶다고 말할 때마다 그녀는 술병의 주둥이를 찾았다 콸콸콸 쏟아지는 술병의 잔소리를 들으며, 술에 취한 여자가 테이블 위에 자신을 쏟아 부었다

그가 없는 세상은 왜 늘 빈 술병 같을까 이 술병과 하루

종일 사랑하고 나면 술병을 닮은 그를 낳을 수 있을까 독촉장도, 사내도 잊고 오늘따라 왜 자꾸 술병 속으로 귀가하고 싶을까

그녀의 눈에 소주가 고였다가 뺨을 타고 주루룩 흘러내렸다 나는 주머니에서 손수건을 꺼내 그녀에게 주었다 돌려받은 손수건에서 알코올 냄새가 났다

술 취한 그녀를 무사히 택시에 태워 집으로 돌려보내며, 나는 빈 술잔 같은 하늘을 올려다보았다 오랜만의 음주로 비틀거리는 몸을 전봇대에 묶으며 하늘을 올려다보았다 저 하늘에 계신 술에게 묻노니,

당신은 술병 속에만 가득하시다
당신께 가는 길은 늘,
병목현상이다

정사情事

나무와 불은 벽난로 속에서 서로를 끌어안은 채
뜨겁게 사랑을 나누고 있었다
창의 안과 밖은 서로를 침범하기 위해
세차게 흔들렸고
술잔 속에서는 포도주가 요염하게 다리를 꼬고 있었다
음악 소리는 사내의 품속에 꼭 안겨있었다
사내는 두 손으로 음악을 부드럽게 쓸고 있었다
그의 오늘은 알몸이었다
음악도 레코드를 벗고 알몸이었다
그가 삶을 훌훌 벗어 던지기는 참 오랜만이었다
말은 없었지만
둘은 이미 많은 관계를 나누고 있었다
서로의 움직임은 쉽게 일치했으며
격정은 사내의 속눈썹 가까이 있었다
그것을 증명하듯 사내는 눈을 감고 있었다
그의 삶은 쫄티 같아서 계획도 없이 떠나오지 않으면
잘 벗겨지지 않았다

그가 사직서를 던지듯 알몸이었을 때
그와 끝까지 함께 해준 것은 음악이었다
그는 헤드폰 속에 있었다 곳곳에
빈자리들이 앉아 있었고
불빛만이 머리 위에서 둘의 사랑을 지켜볼 뿐이었다
둘은 꼭 붙어있어서 연인이었고
삶을 벗어 던져서 오랜만에 서로가 나누는,
은밀한 사랑이었다

환승

하얀 나비 한 마리를 보았다
딱딱한 허공에 이리저리 몸을 부딪혀가며
어딘가로 황망히 도망가는
저 나비 한 마리를,
사람 많은 지하철역 출입구에 서서 바라보았다
사람들은 나비의 길목을 막아선
장애물일 뿐, 꽃이 아니었다
이 도시는 왜 나비가 편안하게 쉬어갈
꽃밭이 아닐까
나는 잠시 땅속으로 들어가길 주저하였지만
무사히 저 하늘 푸른 꽃밭에 닿아
흰 구름 사이를 날아다니고 있을
하얀 나비를 떠올리며,
기꺼이 지하철 계단을 걸어내려 갔다
씨앗처럼 땅속에 묻히는 것이라 생각하였다
생각들을 몸속 화단에 골고루 뿌려주면서
지상으로 다시 올라올 때는,

나비가 앉아도 될 하얀 꽃으로 피어나리라
다짐하고 또 각오하였다
이제 곧 사람들은
서둘러 가을에서 겨울로 갈아 탈 것이다
지금 지상에서는 나뭇잎들이
내가 묻힌 적막한 땅을 이불처럼
덮어주고 있을 것이다

빚

오늘은 몸살입니다 급체에 복통입니다
나는 종합병동입니다
내 몸에서 병균들 잘 쉬어가라고
시름시름 앓았습니다 알았습니다
내일은 나가야지요
새로 산 몸이 도착하는 대로,
도착이라는 낱말을 사용했다고
도착자로 보지 마세요
나는 그저 어딘가에 도착하고 싶었을 뿐,
내가 그대 몸 훔친 적 있습니까
환장하겠네
나는 아직도 환장입니다 환자라고요
아 글쎄 때려치우면 되잖아요
당장 사람을 때려치울 게요 딸칵!
건들거리며 지나가는 구름,
바람에 거들먹거리는 가로수조차
수시로 나를 독촉 한다

태어나는 순간부터 나를 빚졌던 나다
나조차 나를 독촉하지만,
나를 내게 지불할 수단이 내겐 없다
나는 아프다 앞이다 아니다
나는 뒷면이다

레미콘 트럭

아버지는 신이셨다 트럭에 지구를 올려놓고 자주 출타 중이셨다

지구는 짐칸에서 저 홀로 빙빙 돌아가고, 그럴 때면 아버지는 저녁 무렵에 돌아오셨다

아버지의 작업복은 은하수에 젖어 반짝이고,

뉴스에서 열대야가 자주 거론될 때에는, 북극의 빙하를 까만 비닐봉지에 가득 담아오기도 하셨다

아이스크림을 먹고 있는 우리 머리를 아버지의 손바닥이 쓰다듬을 때마다

우리의 발등으로 별들이 떨어지곤 했다

우리는 자갈이거나 모래였다 아버지는 몇 포대의 시멘트와 물만으로 우리를 견고하게 만드셨다

형은 한 가정의 든든한 바닥이 되었고, 나는 단단한 기둥으로 자랐다

아버지는 우리에게 지구를 물려주시고 산 속으로 돌아가셨다

그런 아버지를 기리기 위해 우리는 각자의 집으로 돌아가 마음에 신전을 세웠다
우리는 아버지의 뜻을 받들어 세상을 다스렸다

두어 개의 쇠못과, 나사못 같은 아이들을 가슴에 안고 아버지의 무덤을 방문하곤 할 때에는,
가끔, 손바닥으로 다 큰 우리 등을 쾅쾅 두드려주신 것처럼 하늘에는 천둥이 치고 후두둑 빗방울이 우리 아이들의 어깨를 토닥여주곤 했다
아이들은 아버지의 무덤 앞에서, 스스로를 구부렸다 펴곤 했다

아이들도 이제 여름이 가면 가을이 온다는 것을 깨달을 나이가 되었다
그런 날에는 일찍 집으로 돌아와서 나는 내 자식들에게 신화에 대해 말해주곤 했다

태초에 아버지의 트럭이 있었다 아버지는 시멘트로 이 세상을 지으셨다

그 속에서 우리들을 살게 하셨다

세상 밖에는 아버지의 트럭이 정차해 있고, 지구는 그 트럭 위에서

빙빙 돌고 있다

제2부

팅커벨

여름날이었다 별빛이 나타나고, 전등이 켜질 무렵이었다
창은 벌써 열어두었으나, 작은 벌레들만 날아들었다
형광등이 여러 번 너의 등에 불빛을 달았지만,
너는 이제 날아오를 수 없는 나이여서, 무게여서 그래서, 슬픈 거다
너는 창가에 서서 휴대폰을 자주 만지작거리지만,
아무런 문자메시지도 날아오지 않았다

네가 사랑하는 이 도시는 늘 너를 외롭게 만들고,
너는 한없이 작아져서 이제 잘 보이지 않는다
언젠가 공장 기숙사 창가에 쪼그려 앉아, 담뱃불을 붙이나가 너는 울었다
두 손에 눈물을 펼쳐들고 한없이 슬픔을 읽어 내려가고 있었을 것이다
그러나 너의 울음을 매개체로도 이제 되살아나지 않는 세상이다
너는 네가 펼쳐든 이야기 속에서도, 결코

주인공이 아니었던 거다

어른이 된 아이들은, 이제 아무도 동화를 믿지 않는다
피시방에 틀어박혀 게임 중이거나
휴대폰으로 음악을 다운받아 듣고있거나
파친코의 그림판을 맞추고 있을 거다
하늘을 쳐다보는 법도 잊어버렸다
하늘을 쳐다보기에는 이 도시의 밤이 너무나 화려하다
어른이 된 아이들은 고층건물 속에서 도시의 야경을 쳐다보는 것을 좋아하고
너의 브래지어 후크를 쉽게 벗긴 것처럼
이제 후크 선장을 겁내지 않는다

너는 낮 근무를 마치고 돌아와 화장을 하고, 며칠 전 보세집에서 산 새 옷을 갈아입고,
퉁퉁 부은 눈으로 네가 사랑하는 도시를 만나러 또 나선다

사랑이 늘 그랬던 것처럼 그러나
지금이 늦은 밤이어도 네온사인 아래에서 너는,
별로 빛나 보이지 않는다

2층 창가에 앉아 거리를 걷고 있는 너를 향해 내가 후하고 불면
너는 너무 쉽게 날려갈 것만 같아서, 그래서
나도 슬프다

풍선

하늘에 애드벌룬, 떴다

풍선을 잡고 즐거워하는 아이들처럼 집들이 늘어서 있다 낡은 건물이 어린 건물들 손잡고 소풍 간다 바야흐로 세상은 어린이대공원이다

그날 아버지의 배가 헬륨을 넣은 것처럼 점점 부풀어 올랐다 아버지가 두둥실 내 머리 위로 떠올랐다 아버지를 끌어내리려다가 그만

슬픔에 걸려 넘어졌다

내 손 놓친 아버지, 끝내 하늘로 올라갔다 나는 그날 하루를 펑펑 울었고 다음 날부터는 하늘이 나 대신 울었다 어렴풋하긴 하지만,

하늘에는 해인지 풍선인지 모를 아버지가

서쪽을 막 넘어가는 중이었다

금세 가계家系가 어두워졌다

우체국, 간다

첫눈이 내려 세상은 흰 봉투 같았다
사람들의 발자국이 봉투 속으로 하나둘 걸어 들어가고
사내는 버스에서 내려 하얀 편지지에 찍힌
긴 사연들을 따라 우체국, 간다
우표가 없는 요금별납 우편물을
이곳보다 첫눈이 먼저 내린 곳으로 보내기 위해
우체국 현관 입구에서 사내는 롱코트에 쌓인 흰 날개를 털어낸다
우체국 붉은 간판이 뜨거워
우체국 주변으로 내리는 눈은 보도에 닿기도 전에 녹고
현관문을 통과한 사내가 번호표를 뽑고 순서를 기다리며
잠시 흰 눈 내리는 거리를 우두커니 바라본다
붉은 우체국 속에서 흰 바깥을 바라보면,
도시의 거리는 오랜만에 마음 두근거리며 뜯고 싶은 편지봉투다
멀고 먼 유에스에이가 우체국 사서함 속에 들어있어

눈이 내리면, 더 추운 곳으로 떠난 철새들이 그리워
사내는 그리움을 칠해 봉투를 봉한다
우체국 현관 밖에는 흰 눈이 내리고 녹고 또 내리고
사내의 두 눈에도 이제 첫눈이 쌓여
오랜만에 사내는 떠오를 것처럼 두근두근 몸을 부풀린다
이곳보다 더 추운 곳에서 보내 올 늦은 답장을
창밖의 첫눈처럼 이해하며 사내는
우체통처럼 달아오른 얼굴로 그리움을 나선다
연인들이 서로를 소인처럼 가슴에 붙이고 봄을 향해 떠나간 자리
그들의 뒤를 따라 천천히 걷는 사내는 어깨 위에
다시 새하얀 날개를 단다
천천히 하늘로 날아오르는 사내의 뒷모습을 바라보는
우체국의 간판은 오늘도 붉다

옆집 그 아가씨

복도, 자동센스 전등에 불 켜지고, 하이힐 소리, 깜깜한 구멍 속으로 열쇠 밀어 넣는 소리, 들린다 나는, 소리만 들어도, 안다

그녀는 무척 느긋한 성격이다

옆집 문이 쉽게 열리지 않는 것은 부족한 전희 때문? 하지만, 조금만 더 힘주면, 집은, 억지로라도 그녀를 허락할 수밖에 없다

문은 이미 그녀에게 익숙해져 있다

가재도구며 욕실이며 푸들까지도 그녀에겐, 열고 닫는 문이다

그녀는 저녁 여섯 시에 출근하여 새벽 네 시에 퇴근한다

하이힐 소리가 들리면, 그 집 문처럼 내 몸도 열릴 것 같다

그녀가 나를 문처럼 열고 들어오길 숨죽이고 기다린다

하지만 열리는 것은 늘 옆집 문뿐이다

하루는 퇴근하는 나와 출근하는 그녀가 엘리베이터 입구에서 만났다 나는 그녀 앞에서,
내 몸을 단속할 수가 없었다 눈과 눈이 처음 마주친 찰라 그녀는, 내가
자신의 문이라는 것을 단박에 알아차렸다

짙은 화장품 냄새가 내 몸을 따고 들어왔다
나는 자주 덜컹거렸다 나도 내가 그녀의 집이라는 것을 인정할 수밖에 없었다

나를 열고 그녀가
들락거렸다

선물상자

아이가 삼촌으로부터 상자를 받아 안는다
상자 포장지 위 심장 모양으로 매듭을 묶은 까만 리본이 빠른 박동으로 크게 몇 번 두근거릴 것 같은,
이 상자를 언제쯤 풀어야 하나,
발신자 표시도 없는 상자의 까만 리본을 잡아당기면, 거기
아버지가 가득 들었을 것이다

자동차가 국도를 타고 한참을 달려가다
이 풍진 세상으로 들어선다
비포장도로 주변으로 아무렇게나 늘어선 나뭇가지 어린 꽃잎마다 분진粉塵 가득하고,
먼지를 가득 덮어쓰고도 꽃들은 한 계절,
꽃일 것이다
아직은 추운 계절이었기에 앞차가 일으킨 먼지를 뒤차가 끌어다 덮는다

차는 아버지가 살았던 유년幼年을 돌아
외딴 마을에 도착하고,
차안에서 잠시 잠들었던 아이가 일어나 유채 만발한 언덕을 오른다
아이보다 앞선 상자가 아버지의 아버지를 거슬러 오른다

상자가 열리자 아들에게 안긴 가루가 된 아버지가
아이를 보며 웃는다
가루가 된 두 팔을 들어올려 대견하게 자란 아이의 어깨를
마지막으로 톡톡, 두드리고 사라진다

거대한 눈물 한 방울이 서산 너머로
뚝, 떨어진다

옷들

바람이 옥상 밖으로 떨어진 옷을 입는다
옥상에 닿기까지 찢어지고 갈라진 이 바람은
수많은 대륙과 사막과 황야를 달랑 옷 한 벌로 지나왔다
옥상에 찾아와 새 옷 한 벌 얻어 입으려는
이 노숙자의 고충을
빨래를 널고 있는 늙은 여자는,
이제 칠순의 나이로 짐작한다 그러므로
여자는 빨래를 널다가 상의 하나를 실수로
옥상 아래 떨어뜨린 것이 아니다
옥상 밖을 내다보는 여자의 주름 많은 몸이
수의처럼 흔들린다
자식들은 빨랫줄에 온몸이 따로따로 걸려서야
노모의 뒷모습을 조금 안다는 듯 젖어있다
빨랫줄에 걸린 낡은 작업복 상의 하나가
여자의 품속으로 뛰어든다
양말은 차마 발조차 떨어지지 않는다
바지들은 노모 앞에 무릎을 꿇을 듯 힘이 없다

죄송한 표정을 젖은 모자들은 겨우 가리고 있다
세탁기 속에서 건져 올린 자식들의
젖은 상체와 하체가 주렁주렁 매달린 옥상 위
빨래를 널던 옷이 아래를 내다보며 손 흔든다
대문을 빠져나가던 옷 한 벌이 돌아서서 손 흔든다
큰 소리로 부르지 않아도 옷들은
서로가 누구인지 잘 안다

해망동

해망동은 바닷가에 있지만 해망동에 다녀간 사람은 아무도 바다를 기억하지 못한다
바람이 개구쟁이 아이들처럼 풍향계를 돌린다
사람들은 갈매기처럼 바닷가에 집짓고 살아,
해망동은 바닷가에 버려진 낡은 자전거를 타고 자꾸만 바다 속으로 들어가려 한다
그리하여 해망동에는 빈집이 많다
동네 앞 서너 평 바다를 부쳐 먹던 주인 떠난 어장에는 이제 파도만이 무성하지

해망동을 오르려면 절벽으로 난 좁은 계단을 올라야 한다
계단을 오르다가 소변이 마려우면,
절벽 난간에 위태롭게 걸린 작은 변소에서 볼일을 봐야 한다
해망동 낡은 소변기에서 졸졸졸 흘러나간 짠물이 바다와 자연스럽게 섞이는 것은

오랫동안 해망동 사람들의 삶이 염도를 높이고 있었다는 것을

절벽 중턱 판자로 만든 낮은 변소에서 해망동 사람처럼 겸손하게 허리 숙여 본 사람은 잘 알지

그리하여 해망동에 다 오르면,

해망동은 하늘보다 낮고 바다보다 조금 높아서

사람들은 절망보다 높고 희망보다 조금 낮은 곳에 집 짓고 산다는 걸 알게 된다

공장으로 일 갔다 돌아오는 해망동 사람들 눈동자처럼 늘 바다는 피곤해서

뭍으로 올랐던 파도조차 금방 다시 바다로 돌아간다네

그리하여 해망동에는 갈 곳 없는 늙은이들만 모여 살지

해망동 지붕 위에 얼기설기 쳐 놓은 전깃줄이 정치망 같아서 늙은이들은

해망동 낡은 터전을 빠져나갈 수 없다네

해망동에는 돌이나 바람보다 바다가 더 흔하다네

그리하여 해망동을 찾아온 사람들은 별로 특이할 것 없는 바다는,

기억하지 못하지

다리미

열린 창문 너머로 밤하늘이 보인다
아내가 창문 아래 세워놓은 스팀다리미는,
벽시계의 초침이 카운트다운을 끝내는 순간,
우주선이 되어 하늘을 날아오를 것이다
어린 시절 아버지는 술주정뱅이였다
그 경지가 높아서 아버지는,
술을 마시지 않은 날에도 만취상태였다
어머니는 늦게 배운 바느질 솜씨로
산격동에서 서문시장까지 비단길을 닦았다
한복에 동정을 달던 어머니 이마 위 주름살을
아버지가 다리미로 빳빳하게 펴놓은 날 밤
어머니는 다리미 줄을 목에 감았다
나는 아버지를 향해 식칼을 휘둘렀다
작은누나는 골방에서 무릎 꿇고 아버지가
얼른 떠나기를 구들장에게 빌고 또 빌었다
아버지는 그런 가족들을 피해
서둘러 무덤 속으로 도망쳤다

잊을 만하면 다리미를 타고 아버지가 찾아왔다
아내가 빳빳하게 다린 옷의 주름이
어머니 같아서 다리미를 힘껏 던진 것이었는데,
다리미가 아내의 허벅지에 불시착했다
제 방에서 공부하던 아들이 멱살을 붙잡았다
연락을 받고 날아온 처갓집이 주먹을 휘둘렀다
나는 도망가듯 작은 방에서 별거했다
작은 방 벽에 달린 시계초침의 카운트다운이
언제부터 시작되었는지 나는 잘 알지 못한다
중요한 것은 내가 이미 점화되었다는 거다
이혼서류의 적색버튼을 꾹 누르면,
나는 창 밖 밤하늘을 향해 날아오를 것이다
내가 가야 할 목적지가 창 밖 먼
별자리에서 반짝인다

전봇대와 개

골목의 지퍼를 열고 들어서면, 꼿꼿하게 선 전봇대들을 볼 수 있다 전봇대가 전깃줄을 갈기고 있다 집들은 전깃줄에 젖어 축축하다

한 남자가 터질 것 같은 전봇대를 꽉 움켜잡고 골목으로 급하게 뛰어 들어온다 지구 쪽으로 길게 전깃줄을 연결하면서 다급하게 수신하고자 하는 것은 무엇일까? 그의 사연에선 늘 지린내가 난다 남자가 편안해진 표정으로 골목을 나선다 전봇대를 그대로 두고 나왔다는 것을 그는 잘 모르는 것 같다 골목에는 전봇대가 많다 이런 사람이 한두 명이 아닌 것 같다

사람에 비해 개들은 여유가 있다 뒷다리 사이에 끼우고 들어온, 전봇대를 골목에 심는다 심어놓고 한 번씩 찾아와서 제 몸을 준다 먼저 개들은 자기 전봇대에 코를 박고 자기 것인지를 확인한다 한쪽 다리를 들고 재보기도 한다 그러나 개들은 잘 모를 것이다 이 전깃줄의 힘으로 매일

전봇대가 한 뼘씩 자라고 있다는 것을

개가 시멘트 바닥을 앞발로 파서 끝내 흙을 찾아낸다 이것은 몇 년에 걸쳐 이루어지는 대장정이다 흙 속에 뼈를 숨긴다 그 뼈가 자라 또 전봇대가 된다

오늘 전봇대가 피워 올린 하늘 한 송이가 무척 푸르다 골목들이 잔뿌리처럼 뻗어있다 저 푸른 하늘, 노을 들고 나면, 이제 가을이다 잎 지고 나면, 우주가 다 자라 있을 것이다 이 숲을 뒤져보면, 곳곳에 낙과들이 떨어져 있다 둥근 것은 모두 전봇대 열매들이다 옥상 위 물탱크가 그렇다 아직도 달려 있는 행성들뿐만 아니라, 당신들 눈동자도 전봇대가 떨어뜨린 것이다 무덤들도 그렇고, 이 지구도 그렇고 당신들 머리통이, 모든 새알들이 그렇다

달이 떠오른다고 믿는 것은 잘못이다 달은 한 번도 떠오른 적 없다 담벼락을 넘던 고양이가 고개를 들어 달을

쳐다보다가 개 짖는 소리에 놀라, 달 속으로 숨는다 건드리지 마라 저 열매의 주인은 개다

개 한 마리가 골목을 찢고 들어와서 전봇대를 살피고 있다 달을 얼른 서쪽으로 숨겨 버린다

지나가는 사람들이 개새끼라 욕하지만, 사람들은 모른다 개가 왜 전봇대에 집착하는지를

사람들은 전봇대에 숨어 볼 일을 보지만, 개는 떳떳하게 볼 일을 본다 개는 제 전봇대를 부끄러워하지 않는다

내셔널지오그래픽

어둠이 도시로 불빛들을 몰고 온다 나는 거실에 드러누워 창밖을 바라본다 창 밖에는 불빛이 도시를 뜯어먹고 있다 불빛은 고층 건물 서너 개를 다 먹어치우고서야, 가로등 아래 드러눕는다 불빛에게 이 도시는 매일 뜯어먹어도 다음날이면 다시 자라나는 고마운 풀밭이다

하늘에는 달 하나 떠 있다 저 달은 불길한 짐승이다 순한 불빛들을 노려보는, 씩씩거리며 구름을 뿜어대는 야수의 눈빛, 수많은 별빛들은 달의 사나운 이빨이다 별빛 하나 떨어지면 불빛 하나 지고 불빛 하나 꺼진 자리에 어둠이 나타나서 사라진 불빛을 찾아 이리저리 헤매는 모습을 나는 창을 통해 종종 보아오던 터다

위에서 내려다보면 불빛들이 갈래갈래 찢어진 흔적 보인다 나는 커튼 뒤에 숨어 내 방 창 밑에서 어슬렁거리며 기어가는 길들을 바라본다 길은 고가도로를 꼬리처럼 흔들며 언덕 너머로 첨벙첨벙 다시 기어 들어가고 있다 일

부가 벗겨지고 찢어지고 갈라진 도로만이 방금 있었던 그곳의 사태를 말해줄 뿐 그것을 먼발치에서 바라보고 선 다른 불빛들이 약하게 일렁이고 있다

어쩌면 도시를 에워싸고 서서히 몸통을 죄고 있는 저 외곽外廓도 한 마리 짐승일 수 있다 외곽은 힘이 세다 도시를 칭칭 감아올리며 도시의 숨통을 끊어놓는 저 근육들을 나는 텔레비전을 통해 두려운 눈빛으로 숨죽이며 본 적 있다 샛길이 송곳니처럼 뻗어 있는 외곽, 도시는 서서히 소화될 것이다 도시는 외곽이 먹기에 조금 덩치 큰 불빛들의 집합체일 뿐이다

건널목은 이상한 짐승들의 주거지다 나는 그들의 본모습을 제대로 파악한 적 없다 파란 불빛이었다가 노란 불빛이었다가 금세 빨간 불빛으로 변하는, 양쪽에서 색깔을 바꾸며 점등하는 눈이 각각 두 개씩, 건널목 바닥에 그려져 있는 빗금 표시는 그 짐승의 뱃가죽이 틀림없다 뱃가

죽에 깔려 가끔 어린 짐승들이 죽어나가는 것을 보면 그 또한 육식동물일 거라 쉽게 짐작할 수 있다

불빛들은 어둠이 잠든 주변을 서성이다가 배부름이 지루함으로 변하고서야 어둠을 흔들어 깨운다 어둠 주변으로 흩어졌던 불빛이 하나둘 다시 모이고 불빛이 어둠을 핥는다 어둠이 서서히 지워진다 멀리 개 짖는 소리 들리고 먼 불빛까지 모조리 불러 모으고서야 어둠이 불빛들을 몰고 나와의 경계를 넘어 집으로 돌아간다

아파트를 주거지로 살아가는 나도 한 마리 짐승이다 나는 야행성이다 창을 통해, 사라지는 어둠의 뒷모습을 바라보다가 세상이 환해지고 나서야 이랴 이랴, 꿈을 몰고 잠 속에 든다

13분에서 14분 사이의 권태

9시 13분이다
잠시 딴 생각을 하는 동안 분침이 14분에 정박했다
1분 동안 내가 떠내려 온 것이다
시간과 시간 사이 내가 표류한다
1분 후의 세상은 1분 전 세상에 비해 1분만큼 낯설다
먼저 1분이 나중 1분에게 밀리는 사이 1분 전의 내가 1분 후의 나에게 쫓겨났다
내게 쫓겨난 1분 전의 내가 1분의 거리에서 나를 올려다보고 있다
지금의 내가 1분 후를 올려다보면 1분 후의 내가 나를 내려다보고 있다
정확히 나의 위치는 1분 전 나와 1분 후 나의 중심이다
1분 후의 내가 움직이면 내가 노 젓는다
1분 전의 내가 따라 움직인다
1분 전의 나와 1분 후의 나 사이에는
늘 1분간의 시차가 난다
그 사이를 탈출하듯

9시 15분이다
지금은

내셔널지오그래픽

어두워져도 부산역 광장은 무성한 여름이다 불빛 주변으로 어슬렁거리며 사람들이 몰려든다 나는 가로등 아래 고인 불빛으로 목을 축인다 기분이 나쁘다 이 불빛은 아무리 마셔도 해갈되지 않는다

나무벤치의 일부였다가 저녁이 되면 썩은 나뭇가지처럼 뚝 끊어져 나오는 사람들이 있다 그들은 게으른 원주민 같다 몇 발짝 움직여보지만 마음이 내키지 않는다 잠시 멈춰 섰다 제자리로 돌아가 다시 눕는데 하루가 꼬박 걸린다

광장에는 분수가 있다 분수 앞에는 계절과 무관하게 기타를 치고 있는 사람들이 있다 계절은 여름이지만 그 사람 주변만 가을이다 모금함 속에, 뚝뚝 낙엽들이 쌓여간다 분수에서는 집중호우가 내리고 있지만, 옆 동네까지 적시지는 못 한다

역 광장에는 지구를 콩알처럼 콕콕 찍어먹는 새들도 있다 새들은 점점 거대해질 것이고, 지구는 얼마 지나지 않아 없어질 것이다 우주가 한 마리 비둘기처럼 하늘 위에 둥둥 떠 있다

부산역에서 서울역까지 삼십분 간격으로 기차 떼가 왕복한다 부산사람을 서울사람으로 만드는데 걸리는 시간이 겨우 2시간 50분이다 그들을 변화시키는 힘은 돈이 당근이다

쥐

늦은 밤, 거리를 걷다가 하늘을 본다
하늘에는 밖으로 통하는 무수한 구멍들이 있고
구멍 속으로 도망가듯 막 빠져나가는
별빛의 길고 가는 꼬리가 보인다
어둠의 영역을 통과하면 눈이 침침한
늙은 신이 주인으로 사는 낡은 우주가 있고
그곳에는 쥐구멍을 통해 나를 노려보는
신이 애지중지 키운, 외눈박이 고양이가 있다
달빛이 밝아 어둠들이 우왕좌왕 한다
달이 모든 것을 노려보고 있었으므로
골목에는 아직 이부자리에 눕지 못한 창들이 많다
저들처럼 나도 가끔 저 달빛이 몸서리치게 두렵고
목이라도 뜯긴 것처럼 소름 끼치고
달빛에게 누군가를 잃은 것처럼 슬플 때 있다
그러므로 나는 설치류에 가깝다
어두워지면 나는 가로등을 지나
슬픔이 가득한 오줌보를 몸에 지니고

골목으로 기어들어 전봇대를 축축하게 적신다
몸을 텅텅 비운 채 하늘을 바라보면
내가 지나온 구멍들이 잘 보인다
늙은 신도 불을 끄고 이부자리에 들었고
이제 나도 자취방 속으로 기어들어야 할 시간,
늘 그랬던 것처럼 유리창은 흐려 있을 것이다
곧 고양이 울음소리가 크게 들릴 것이고,
그들에게 쫓겨 작고 투명하고 빛나는 것들이,
지붕을 마당을 창문을 꿈속을 떼 지어 몰려다니리라
아침이면 나는 제대로 잠들지 못한 눈으로
대문 밖으로 또 이른 출근을 서두른다
방문을 열면 나보다 일찍 일어나
대문을 활짝 열어놓고 막 골목을 빠져 나가는
꼬리 긴 짐승들이 보인다

폐가

감나무 가지에 홍시처럼 매달려 있는 그를
처음 발견한 사람은 우체부였다
감나무에는 우표가 무성했으므로 그의 혼은
무사히 하늘로 잘 배달되었으리라
감나무는 그의 육신을 양분으로 더욱 붉었지만
곧 지상으로 힘없이 난무했다
그에 대한 억척의 소문들도 모두 붉어갔다
경찰은 경찰답게 그의 주검에 대해
'스스로 목숨을 끊었음' 으로 귀납 추리했고
마을은 이웃답게 주검에 대한 연민을
혀 밑에 묻었다 담벼락 밖으로
뚝뚝 떨어진 소문일수록 바람에 실려가
산을 붉게 물들였다
철새들이 날아올라 서녘하늘에
단풍잎을 하나 둘 떨어뜨리고 지나갔다
집은 끝내 함구했다
그가 가꾸다만 황폐해진 가을 속으로

참새들이 하나둘 몰려들어 혀를 찼다
바람이 그가 매달려있던 가지를 세차게 흔들어놓았다
그가 신고 다닌 마당의 발자국 속으로
밤새 서리 내리고, 그의 집으로 가는 길이
잡초 속에서 마지막으로 꼼지락거리다가
이내 사라졌다 그해 겨울
답장처럼 눈이 내렸고
지붕은 상복을 입었다
상주처럼 쓸쓸하게 서 있던 감나무의 가지가
툭 꺾이고, 최후로 그가 벗어둔 장화 속으로
침묵이 고여들었다 마당을 가로질러
그의 발자국이 하나 둘 새로
돌아났다

폐가

집이 주인을 따라 죽은 것은 이 년 전이다 집은 스스로 구덩이를 파고 그 속에 묻혔다 오래전부터 우체부는 오지 않았다 이제 더 이상 보낼 목숨이 없었으므로, 감나무 열매도 수취인 불명으로 되돌아가곤 했다 주인이 사용하다 만 연필 끝에서 어둠이 풀려나올 무렵에는 마당에 글자들이 무성하게 자라났지만 아무도 그 뜻을 알지 못했다

낡은 서책 표지 같은 대문이 저절로 펼쳐지곤 했다 대문이 열릴 때마다 책장 넘기는 소리 들렸다 거기 적힌 것은 한 장 집의 내력이 全文이었지만, 여치나 귀뚜라미가 읽고 있는 부분은 대체로 비극적이었다 밤이 되면 집들은 불을 끄고 이부자리에 누워 그 이야기를 조용히 듣곤 했다 이따금 밤 매미들이 추임새를 넣기도 했지만, 나무들은 수많은 귀들을 땅에 가져다대고 이야기를 경청할 뿐이었다

지붕 위에 촛불이 켜지곤 했다 그럴 때면 들판에 하얀

지방을 붙여놓고 들고양이들이 축문을 읽고 갔다 새벽 무렵이면 고양이 잔털 같은 것이 이웃집 마당에도 쌓이곤 했지만, 아무도 그 사실을 알지 못했다 누군가 다녀가신 것처럼 길 위에 발자국이 찍혀있었다 길을 따라 허공이 천천히 걸어가고 있었고, 아직 불도 켜지 않은 창들이 그 모습을 지켜봤다

날이 밝자 기와가 와르르 무너졌다 두껍게 깔린 이부자리를 걷어낸 것이다 무너진 아랫목으로 햇빛이 길게 드러누웠고, 햇빛의 품에서 분주하게 꿈틀거리는 것은 작은 벌레들이었다 개미들이 구멍으로 세간을 열심히 물어 날랐고, 거미가 지붕을 새로 만들고 있었으므로 집은 전 주인이 살 때보다 더 견고해지고 있는 중이다

혀 위에 집을 올려놓은 사람들은 더 이상 집의 내력에 대해 말하는 이 없었다 그날 밤 잠 속으로,

집이 다녀갔으므로,

폐가

나는 맹씨네 아줌마가 개울가에 앉아 노래 부르는 모습을 종종 보곤 했다 개울에 돌 던지면, 수면이 낡은 레코드판처럼 빙빙 돌아가고, 잔잔한 수면을 따라 부르는 아줌마의 목소리를 들으며, 내 어린 시절은 줄곧 쓸쓸해지곤 했다 당신과 나아 사이이에 저 바다가아 어업어었다아면 아줌마는 바다에게 남편과 아들을 빼앗기는 일도 없었을 것이고 해 저문 부우우두에에서 떠나가는 연락선에 몸을 싣고 맹씨 아저씨를 따라 내 작은 가슴으로 이사 오지도 않았을 것이다

연두색 저고리를 입고 있던 맹씨네 아줌마는, 남진의 극성팬이었지만, 맹씨 아저씨가 읍내에서 사준 레코드판은 늘 같은 소절에서 같은 소리를 내며 박살이 나곤 했다 며칠 후 아저씨는 똑같은 레코드판을 들고 내 눈 속으로 다시 들어서곤 했지만, 레코드판은 사랑 밖으로 다시 던져졌다 깨진 레코드판에서는 저 바다가 줄줄 흘러내리고, 홍건하게 젖은 울음소리를 타고 내 유년은 동해로 흘러갔

다 다시 돌아오곤 했다

맹씨 아저씨가 아줌마를 우리 집으로 업어다놓고 약을 사러간다며 읍내로 내려가던 그날 밤 약봉지 같은 눈이 내렸다 아줌마는 알약처럼 엄마 가슴에 쏟아졌다 눈에 묻힌 맹씨 아저씨의 발자국은 까만 레코드판 위를 돌고 있는지 집으로 돌아오지 않았고, 아줌마가 기침을 하면 방바닥에 동백꽃이 피었다 지곤 했다 아줌마는 애꿎은 엄마를 가슴 아아프게 가슴 아아프게 쥐어뜯다가 쓰러져서는 끝내 일어나지 못했다

맹씨 아저씨는 새벽이 되어서야 돌아와 아줌마 가슴으로 눈사태졌다 맹씨 아저씨가 아무리 업으려고 해도 아줌마는 바닥에서 떨어지지 않았다 무릎 꿇고 있던 맹씨 아저씨가 집으로 돌아가 액자를 들고 왔다 액자를 가슴 위에 올려놓자 아줌마는 그제사 맹씨 아저씨의 등에 한을 묻었다 액자 속에는 오래전에 죽은 아이가 방금 죽은 엄

마 품에 안겨 웃고 있었다

이튿날 상여도 없이 빨간 비단이불이 눈 덮힌 깊은 산 속으로 걸어 들어갔다 나무로 엮어 만든 들것에 실려 빨간 이불은 땅 속에 묻혔다 맹씨 아저씨가 아줌마의 연두색 저고리를 무덤에 덮어주고 산을 내려오자 봄도 따라 마을로 내려왔다 나무들이 아줌마의 연두색 저고리를 가지마다 내걸었다 여름에 감나무 작은 열매가 가슴을 노크하는 소리에 맹씨 아저씨는 자주 열렸던가 가을이 되자 아저씨는 온산을 빨간 비단이불로 덮어놓고, 감나무에 목을 매달았다

집은 대문을 틀어막고 끝까지 다 지켜봤다

아줌마의 무덤 옆에는 없던 무덤이 하나 새로 생겼다
아줌마가 일하던 술집이 있던 먼 바닷가에서는
갈매기이이도 내 마음 같이
목메에여 우우우운다

독서

밤이 어둠의 한쪽 귀퉁이를 접어 올린다 이제 이 세상도 지난 페이지다

새벽이었으므로 나는 이제 눈을 닫겠다 다음 페이지부터는 자고 나서 읽을 분량이다

나는 방안에, 비몽非夢과 사몽似夢 사이에 끼워진 책갈피다

잠이 오지 않을 땐 이리 뒤척 저리 뒤척 한꺼번에 나를 여러 장 넘길 때도 있지만

아침에 일어나면 나는 늘 어제와 같은 페이지에 펼쳐져 있다

간밤에 윗집에서 책장이 큰 소리로 울고 있는 소리를 들었든가

도로에서는 책장 찢어지는 소리가 들렸든가

내가 읽던 책 속에서 구급차가 사이렌 소리를 다급하게 실어 날랐든가

수도꼭지가 침을 발라가며 한 장씩 이 밤을 넘겼던 모양이다 어느덧 끝 표지 같은 아침이다

닫아두었던 창을 다시 처음부터 펼친다 다시 분주하게 살아 움직이는 활자들이다

저 두꺼운 건물들을 모두 읽기에는 아마도 한 생으로는 모자랄 것이다

하늘이 무척 흐리다 이 세상엔 아직도 밑줄 칠 내용이 많은 모양이다

후두둑 빗방울이 나를 밑줄 긋고 지나간다 무척 많은 비가 내렸다고 창에는 적혀있다 그러나,

이렇게 시작하는 아침은 이부자리를 진부하게 만든다 그래서 잠을 설쳤지만,

아직도 창은 많은 양의 비를 적고 있다

내 창에만 집중호우를 퍼붓는 이유를 모르겠다

이상기온 때문이라고들 하지만, 그래 나는 정말 이런 이상한 이야기를 좋아한다 이것은 내 독서 취향이다

나는 비오는 이 페이지 위에 서 있는 것을 좋아한다 하

루가 다 지나자 어느덧 다시 어둠이다
  블록을 잡아놓고 누가 오늘을 다른 창으로
   옮기고 있을까

거미줄

누가 급하게 뛰어든 것처럼 내 방 벽 모서리에 동그랗게 파문 번진다

물속에 잠긴 것처럼 익숙한 것들이 낯설게 느껴진다

바깥의 누군가가 이 눅눅한 곳으로 나를 통째로 물수제비 뜬 것이 분명하다

곧 죽을 것처럼 호흡이 가빠왔다

삶의 밑바닥이 보이지 않았다
바닥으로 가라앉으면서 나는 나조차도 낯설게 느껴졌다

내가 잠든 사이 창을 통해 들어온 거미 덕분에,

내게도 수심이 생긴 것이다

제3부

하얄리아*

할아버지, 마당에 동백 심은 날, 해 일찍 서산 넘었다
고모는 밤늦은 시간 등에 흙 묻히고 귀가했다
방안에 틀어박혀 고모 밤새 꽃 피다 잠들었다
동백꽃도 모르게 몇 달이 지나갔다
할아버지가 마당에 심은 동백이 고모의 뱃속에서 활짝 꽃 피었다
할아버지는 배 불러오는 고모를 마당에 내동댕이치며
화냥년이라고 고함쳤다 나는 골방에서 꽃피고 싶은 귀를 틀어막았다
나는 화냥년이라는 예쁜 이름이 꽃 이름인줄 알았고,
고모가 동백꽃을 할아버지 몰래 함부로 꺾어 혼난 줄로 알았다
고모는 처녀의 몸으로 미군부대를 잉태했다
이듬해 마을에 미군부대가 태어났다
태어난 아이의 피부는 까만 색이었고,
깜깜해 잘 보이지 않는 아이를 바라보던 할아버지는
그런 고모와 아이를 태평양 건너편으로 넌셔버렸다

할아버지의 두 눈에 아스팔트가 생겼다

그날 할아버지는 양손에 호미를 들고 미군부대를 찾았지만,

미군부대는 감자나 고구마가 아니었으므로

캐 버려진 것은 할아버지였다

미군부대로 난 아스팔트 위로 할아버지를 실은 운구 지나갔다

봄은 지구 수십 바퀴를 돌아 다시 왔고

고모는 겨울이 수십 번 지난 후에야 앞마당에 동백꽃처럼 다시 피었다

이제 할아버지는, 하얄리아는, 고모는,

어린이 대공원 입구에 핀 동백꽃이다

하얄리아 근처에는 호미처럼 불도저가 꽂혀있고

불도저의 힘으로 하얄리아는 이제 뽑혔다

동백꽃잎 뚝뚝 떨어뜨리며 할아버지의 무덤에 큰 절 올리던 고모는,

하얄리아부대와 함께 왔던 길을 다시 떠날 거라 한다

태평양 건너편에서도 화냥년, 화냥년처럼
고모, 붉게 피는 계절이다

* 하얄리아 : 부산 초읍 입구에 있는 미군부대, 부산에 반환되어 현재 부산시민공원이 됨.

무화과

긴 생머리와 미니스커트와 풍만한 가슴과 붉은 매니큐어와 짙은 화장품 냄새의 옆집 아가씨는, 남자였다 남자가 남자를 사랑했다

사랑하는 남자에게 축 늘어진 사타구니를 처음 들키던 날, 남자는 진짜 여자를 찾아 떠났고,

진짜 여자보다 더 진짜 같았던 가짜 여자인 그 혹은 그녀는,

자신을 저주한 신을 저주했다

아파트단지 무화과나무는 꽃 없는 수컷, 나뭇가지마다 남자아이 성기 같은 어린 열매가 여성기처럼 조금씩 벌어지고 있었다

새들이 날아와 익기도 전에 열매를 따 먹었다

열매를 부끄럽게 가리고 있던 나무의 미니스커트가 땅바닥에 뚝뚝 떨어져 내리던 날,

화장실에서 면도를 하고 있던 오른손이 왼손을 그었다

한 번도 꽃 피지 않았던 그녀 몸속에 저렇게 수많은 꽃송이가 들었을 줄이야

꽃 피는 그녀를 보며 형광등이 환하게 탄성을 내질렀다

뚝뚝 떨어지는 꽃송이를 한아름 받아들고 꽃 피지 못했던 설움이 한꺼번에 몸을 방문해,

죽고 싶었던 그녀는 살고 싶었다

붉게 물든 전화기가 버튼을 꾹꾹 눌렀다

구급차가 활짝 꽃 핀 그녀를 부둥켜안고
사방으로 뻗은 나뭇가지 하나를 타고 무더운 여름을
급히 내려오고 있었다

꽃

공원의 벤치에 누워있던 사내가
마침내 일어나서 시계탑을 바라본다
그는 태초부터 시간을 기다리는 중이었으리라
이제 때가 가까웠으니
그가 서둘러 땅 속으로 내려간다

그는 지하철 계단에 앉아 있었다
모든 것을 벗어 던지고 비로소 맨 몸이었다
사내가 계단 중앙에 묻혀 씨앗처럼 몸을 웅크렸다
웅크린 몸이 흔들릴 때마다
계단이 잔뿌리처럼 땅 속으로 뻗어 내렸다.
발을 헛디디면
사내 속으로 깊게 빨려들 것만 같아
땅속을 내려가는 사람들의 발걸음이
몹시 조심스러운데,

사람들이 그의 옆을 지나갈 때마다

사내의 몸에서 조금씩 팔이 자라났다
지상에서 연이은 경적음이 터져 나왔다
지상의 한 지점으로 어둠이 한꺼번에 몰려들었지만
어둠이 사내를 침범하진 못했다
가로등이 사내를 환하게 비추고 있었다

이윽고
사내의 손이 벌어졌다

사내의 손바닥이 허공 중에
만개滿開했다

드라마

승강기를 타는데 앞서 탄 여자가 나를 보고 흠칫 놀란다
나를 치한쯤으로 여겼던 모양이다
사람 좋은 표정으로 한번 웃어주려다가 승강기 벽면에 광고지처럼 붙어선 여자를 보며
괜한 악당이 된 것 같아 그만 둔다
승강기에서 우연히 만난 한 여자 덕분에 전 생애를 펼쳐놓고 빠르게 훑어보지만,
내 어디에도 흉포함이나 공격성을 찾아내지 못했다
여자는 잠시 본 것만으로 나도 모르는 나의 육식성을 찾아낸 것이다
인상 좋은 사람으로 수십 년 살아오다가 최근 어디쯤에선가 무언가를 묻혀온 것만 같아
몸을 벗어들고 탈탈 털고 싶어진다
오늘따라 승강기 벽면에 비친 나까지 나를 어색하게 쳐다보고 있었으므로
잠시 인상을 찌푸리고 있는데,
나의 불편함에 더 불안해진 여자가 휴대폰을 꺼내 만지

작거린다

밀폐된 공간에 여자와 단 둘만 있는 것이 남자들에게 결코 신혼 첫날밤 같지 않다는 것을,

여자들은 알기는 할까

여자의 불안함 속에서 나를 떼어내 여자의 가장 먼 곳 벽에 전단지처럼 붙여놓는다

낯선 남자에 대한 여자들의 두려움을 이해하지만,

낯선 여자를 안 본 듯 훑어보는 남자들의 서툰 연기력에 악의가 없음을 여자들은 알아주었으면 좋겠다

대부분의 남녀관계가 그렇듯 함께 타고 온 승강기에서 여자가 남자보다 먼저 내린다

무슨 일이 생긴 것처럼 여자는 고개 숙인 채 달아나고,

뭔 일을 겨우 치러낸 것처럼 남자는 숨을 내쉰다

플러그 인
— 꽃봉오리가 벌어지기 전의 꽃망울은 이어폰 같다

허공을 뻗어나가던 꽃의 종착지에 대해 상상한 적 있다
하늘까지 닿을 것 같았던 꽃의 줄기는
사람의 키 높이쯤에서 발걸음을 멈추었다
높이 자라는 꽃조차 새들의 영역을 벗어나 자라지 않았고,
땅에 붙어 자라는 꽃조차 목적지가 있었던 거다
바로 거기 귀가 있기 때문이다
이어폰을 끼워 넣고 노래를 들려주고 있었던 거다
화단에 쪼그려 앉아 울고 있는 한 여자를 보고 있다
쪼그려 앉은 높이만큼 자란 꽃 한 송이가
여자의 귓가에 꽃봉오리를 가져다대고 있었다
한참을 울던 여자가 울음을 그친 것은
꽃이 부르는 노랫소리를 들었기 때문이다
꽃을 좋아하는 사람은 모두 꽃의 애청자들이다
귓가에 꽃을 꽂고 다니는 사람은 꽃의 광팬이다
꽃들의 창법은 꽃들의 색깔만큼 다양하여
꽃의 노래를 듣는 태도는 모두가 제각각이다

귀가 작아 이어폰을 귓속에 끼울 수 없는 벌레들을 위해
가까이 있어도 노래를 듣지 못하는 우리들을 위해
꽃은 온 힘을 다해 꽃봉오리를 벌린다
소리를 증폭시키는 거다
확성기가 되는 거다

환절기

겨울이 다가올수록 목이 아프다 콜록콜록 숲이 낙엽을 뱉어 낸다

바람이 바람 한다 추락이 추락 한다

매미의 기억을 꼬리로 받아 적던 적졸赤卒도 떠나고

떠나야하는 것들을 위해 숲은 미리부터 하늘이 짜주는 수의를 입는다

곧 바람의 군대가 이 숲 속으로 들이닥칠 것이다

추위가 말발굽 소리를 내며 숲속을 마구 뛰어다닐 것이다

가을은 산 정상에 걸터앉아 남은 낙엽을 뚝뚝뚝 눈물처럼 흘리며 쫓겨 갈 것이다

열매도 잎도 가을도 빼앗긴 숲은 비로소 앙상해질 것이니,

동물들은 모두 땅 속으로 서둘러 귀가할 것이다

뿌리들이 땅 속에서 흙을 꽉 움켜줘거나 나무들이 창문을 닫아거는 것은,

숲 속 종족들의 오래된 관습이다

새벽이 눈을 뜰 때까지, 햇살이 그리운 이름을 불러줄 때까지

나무는 제 그늘을 끌어다 덮는다

바위는 제 몸을 단단히 감싼다

콜록콜록 어둠이 아침을 뱉어낸다 콜록콜록 구름이 하늘을 뱉어낸다 콜록콜록 나무가 그늘을 뱉어낸다 콜록콜록 옹달샘이 시냇물을 뱉어낸다

겨울을 가진 것들은 늘 겨울에 아프고, 상처를 가진 것들은 늘 그 상처가 아프고 목을 가진 것들은 목이 아프다

겨울이 다가올수록 나 또한 목이 아파서

콜록콜록 낙엽들을 뱉어낸다

노인과 계단

오래된 양피지처럼 펼쳐진 이 계단의 끝은 어디인가
길의 뜻에 따라 누군가 십자가를 들쳐 매고
지나갔을 이 계단을,
오늘은 노인들이 지팡이를 짚으며 힘겹게 오른다
하늘을 등에 지고 올라야 계단의 끝에 닿을 수 있다
사람이라면 절대로 내려놓을 수 없는 하늘,
그 무게로 허리가 굽은 노인들이 계단을 오르다가
중턱에 서서 지친 하느님처럼 마을을 내려다 본다
더 이상 오르지 못하고 계단을 내려간 사람들이
계단 아래 영영 눌러앉아 도시를 이루었다
옥상 위 빨랫줄의 집게가 물고 있는 저 목숨들은
다 합해서 모두 몇 벌인가
계단 끝에 오르면 이 단벌의 몸을 벗어던지고
저 맑은 하늘로 여벌의 푸른 옷을 해 입을 수 있기를,
계단에 앉아 쉬고 있는 노인들은 이제 안다는 듯
무게를 조금 덜어내고 쪼글쪼글한 얼굴들이다
저 하늘에도 계단이 있어 잠시 쉬고 있다는 듯

새들이 전깃줄에 앉아 제 부리로 상한 깃털을 다듬는다
먼 옛날 십자가를 등에 지고 비틀거리며
이 길을 먼저 올라간 청년의 늙은 모습 같은 노인들이
굽은 등에 하늘을 나눠지고 다시 계단을 오른다
얼마 남지 않은 노인들의 여생에 의지하여
온몸이 다리인 지팡이들이 앞장서서
여엉차 두어 계단 위에 걸음을 옮긴다
계단을 오르다 보면, 언젠가는 그 끝에 다다를 것이다
하늘을 올려다보면, 곧 닿을 것 같은
저 환한 둥근 문은 늘 열려 있다

소화되다

창 밖 해 위에 올려놓은 한여름이 끓고 있다
한여름 속에서 사람들은 땀방울을 토해내면서 푹 삶기고 있다
뼈가 흐물흐물 녹아내리겠다
바람들이 사람들을 한 순갈 떠도 좋겠다
나뭇가지가 사람들을 젓가락질해도 좋겠다

현관문들이 맛있게 익은 사람들을 한 공기 드신다
아 맛있어 두 공기 드신다
건물 앞 네거리에 밥공기 같은 자동차들이 차곡차곡 쌓이고,
사람들은 엘리베이터를 타고 건물의 내장까지 깊숙이 들어가
서서히 소화 된다
사람들이 영양분이 되어 건물 속을 돌아다닌다
건물들이 하루 종일 서서 일해도 건강한 것은
사람들을 편식하지 않은 때문이겠다

저녁 무렵이면 현관문을 통해 사람들이 한꺼번에 바깥으로 배출된다

그러고 보면 어둠은 얼마나 고약한 냄새인가

곧 어둠을 맡은 잔별들이 윙윙거리며 가득 날아들 것이다

현관문을 빠져나온 사람들이 지하철로 서서히 내려가고,

똥 덩어리 같은 전동차들이 좁은 땅속을,

잘도 빠져 나간다

하늘에는 화장실에 들어와 앉은 엉덩이처럼 둥근 달이 떠 있다

사람을 닦고 버린 냄새 나는 구름들이 허공에 아무렇게나 버려져 있다

화장실에서 아무리 시원하게 볼일을 봐도

뱃속에는 여전히 잔변감이 남는 법이다

세상 속에는 불 켜진 창들이 아직도

잔변처럼 제법 남아 있다

나사렛

심한 우울증을 앓던 친구가 수면제 오십 알을
한꺼번에 입속에 털어 넣었다
회사 화장실 변기통에 쪼그리고 앉아 나는 한참동안 울었다
내 눈에서 자꾸 알약들이 떨어졌다

여전히 변함없는 하늘을 올려다보았다
아무 일 없었다는 듯 고개 내민 해를 바라보며
나는 마구 주먹을 휘둘렀다
햇살이 주루룩 흘러내렸다

꿈속까지 축 늘어진 친구를 구급차가 서둘러 싣고 갔다
구급차는 잠든 도시를 질주했다
시끄러운 사이렌 소리에도
이 도시는 깨어날 줄 몰랐다
집집마다 수면제 같은 머리들이 박혀 있었다

친구는 사흘 후에야 깊은 잠 속에서 되돌아 나왔다
나는 그를 베드로처럼 맞이했다
그가 휑한 눈으로 나를 들여다보고 있었다
나는 아무런 말도 할 수 없었다

그의 양쪽 눈 속 두 개의 까만 못 자국을
나는 멍하니 바라보았다

모퉁이 고물상

박씨의 꿈은 부실시공이었다
박씨가 매일 수거하는 고물들은 그의 조각난 꿈들이었다
부속품은 매일 하나씩 박씨의 몸을 도망쳐 나왔으므로
박씨는 늘 자신의 구조물을 수소문 끝에 찾아 나서는 것이다
박씨의 몸은 중심을 잡아줄 골재가 없었으므로
골목을 지나갈 때의 뒷모습은 항상 절뚝거렸다
자꾸만 한쪽으로 쏠리는 박씨의 몸을
박씨의 불안한 마음만이 겨우 받쳐주고 있었다
박씨가 넘어질 듯 넘어질 듯 넘어지지 않는 이유일 것이다
박씨가 쏟아지려는 몸을 이끌고 집으로 들어서고 있었다
달빛 마당에는 쓰다버린 헌 박씨들이 쌓여있었다
박씨가 가건물 두꺼비집 두꺼비의 팔팔한 심장을 꺼내 놓고 있다
풍만한 그의 정부가 환하게 젖가슴을 켜며
달력 속에서 달려 나오고, 그러나

아직 박씨에겐 욕망을 다스릴 여력이 없다
이태리 산 낡은 소파에 앉아 박씨가
맞은편의 허무와 대작하다 조금씩 몸을 접는다
술병 속 우물은 깊고 콜록콜록 창문이 헛기침 소리를 낸다
담장 위로 도둑고양이 지나가고
건넛집 개짓는 소리가 고양이를 따라나서고 있다
고물상 지붕 위에 켜놓은 달빛이 흐릿해진다
박씨가 사다리를 꺼내들고 지붕에 걸쳐 놓는다
고물상 가건물 지붕 위에 걸린 고장 난 달을
박씨는 수리할 것이다 내일쯤이면 달은
재활용되어 다시 뜰 것이다

재래시장

시장에서 싸움이 벌어졌다

밀려나오는 욕설들이 가득 차 그녀 입 속은 병목현상이다

검은 비닐봉지처럼 말 한 마디도 못하고 사내의 손가락에 걸려 있다가 온갖 욕설을 듣고 나서야 풀려난다

누가 보면 잘 참았다고 칭찬하겠지만 그녀 얼굴은 배추포기라고 들고 가서

사내의 입 속에 박아 넣고 싶다는 표정이다

교회 십자가라도 뽑아가서 그의 얼굴에 성호라도 긋고 싶은 표정이다

돌아서는 뒤통수에다 대고 먹이는 헛제사 밥이 맛있을 리 없다

장바구니를 힘껏 집어던지고는 쪼로로록 굶주린 고양이처럼 도로 가 물어온다

무슨 일인가 몰려들었던 사람들이 사과 하나를 통째로 넣었다 빼도 될 만큼의 웃음을 닫으며 간만에 재밌었다는 표정들이다

몸 바깥으로 튀어 오르려는 마음을 억누르며 그녀의 화난 앞모습이 부끄러운 뒷모습을 이끌고

재빨리 정류장으로 이동한다

부쩍 가벼워진 남편 봉급 때문에 생긴 성질이었다

동전 몇 푼 때문에 벌어진,

싸움이었다

단풍나무

아내는 아이들을 데리고 친정에 가 있겠다고 하였다
나는 거실 창가에 서서 나뭇잎들이 가을 색으로 시들어가는 것을 묵묵히 바라보고 있었다
아내가 아이들과 함께 떠나는 것은 낙엽이 나뭇가지에서 떨어지는,
자연현상일 뿐이라 생각하였다

지금은 나무 아래 떨어져 쌓인 낙엽무더기 속처럼 아늑한 늦가을이었지만,
창밖에는 가끔 나무들이 편하게 서 있기에는 사뭇 매서운 바람이 불고 있었다
떠나는 아내와 아이를 바라보는 내 몸이 한차례 이리저리 흔들리는 것은
창밖에 바람이 불기 때문이고
막 현관문을 열고 나가는 아내가 잠시 뒤돌아봤던 것도,
바람에 흔들렸던 것뿐이라 생각하였다

바람이 불면 나무들도 부부싸움을 하고 화가 나서 등 돌려 돌아앉기도 하는 것처럼

떠나는 아내와 아이들 뒷모습이 붉게 물들어 가는 것은 내가 한그루 나무였기 때문이었을 것이다

이윽고 대문을 빠져나가는 아내와 아이들이 가지에서 막 떨어져 뒹구는 낙엽 같다 생각하였다

나무를 떠나는 낙엽들의 종착지가 친정이라는 것을 모르는 사람도 있을까

아내가 아이들의 손을 잡고 완전히 떠나간 후에야
창가에서 뚝 떨어져 나오는 한 잎 내 얼굴도
붉게 물들어 있었다

브런치

창밖에 가득한 저 하루를 손가락으로 비비듯 만지면 참 보드랍지
커피 원두를 미세하게 간 것 같은 오늘 하루가
나는 참 좋아
이런 하루를 티스푼으로 한 숟갈 떠서 찻잔에 담아두었어
가스렌지 위 주전자 속에는 오늘 하루가 뜨겁게 끓고 있고,
나는 오후와 저녁 사이에 담겨 조금 식어 있어
창가에 앉아 김이 모락모락 오르는 한 잔의 하루를 혼자 홀짝이곤 하지
나를 조금 기울이면 내 몸의 미세한 틈이 벌어져
몸 밖으로 내가 조금씩 흘러내리지
나는 지금 창가에 고여 있어 창가는 찻잔처럼 수심이 깊지
세상에는 수평선이 있지만, 나에게는 한계선이 없어서
나는 자주 나를 넘치곤 하지 오늘 나는 쓴맛이야

티스푼으로 찻물을 열심히 휘저어도
소용돌이치다 금방 제자리로 돌아오는 한 잔의 쓴맛,
쓴맛은 아무리 휘저어도 바닥을 보여주지 않지
실수로 엎질러놓은 햇볕이 얼룩처럼 거실 바닥에 묻어 있어
걸레로 햇볕을 닦아버리면 어두운 밤은 오지
창밖에 넘칠 듯 받아놓은 저 한 잔의 어둠은 도대체 무슨 맛일까
나는 창문을 열고 입술에 어둠을 조금 축이지
이 지독한 쓴맛 때문에 각설탕 같은 기억 하나를
입안에 넣고 빨곤 하지

일요일

라면을 끓여 먹고 잠시 누웠더니, 잠이 나를 후루룩 드셨던 모양이다
잠든 나를 깨우느라 수많은 시간들이 내 몸을 흔들어보았을 테지만
소란 속에서도 용케 나는 깨어나지 않았다

어둠은 늘 무겁다 아니 무섭다
내가 사람 눈을 바라보며 말하는 것을 좋아하지 않는 것도 그 때문이다
사람들의 눈 속에 둥둥 떠 있는 두 개의 새까만 달, 속에는 괴물이 살고 있다

불도 켜놓지 않은 어머니의 동굴 속에서 무려 열 달을 떨었던 적 있다
태어나자마자 그래서 울었다
어머니는 내가 울 때마다 까만 젖꼭지로 내 입을 틀어막았다

나를 쳐다보는 두 개의 젖꼭지가, 그 까만 눈동자가 무서워서

깊은 잠 속에서 억지로 나를 끄집어냈다 일어나서도 한참을 멍하니 앉아 있었다
자는 동안 나를 잠 속에 떨어뜨리고 온 것이다
닫힌 창문의 틈으로 어둠이 기어들어왔다 어둠을 손가락으로 꾹꾹 눌러 죽였다

성탄절이 이틀이나 지난 도시는 여전히 트리 같았다
교회 첨탑의 붉은 십자가를 뽑아들고 어둠에 점령당한 골목에 나가보기로 한다

어둠이 내 몸을 물어뜯었지만, 꾹 참았다

징검돌처럼 놓인 불빛만 골라 디디며
금방 집으로 돌아왔다

가을

창밖을 보다가도 문득문득 생각이 난다 창밖은 열심히 창가로 가을을 나르고 있었다

당신이 내게 선물로 주고 간 그리움은 여전히 잘 자라고 있다

나는 요즘 슬픔과도 이웃해 즐겁게 지내고 있고,

내가 가지고 놀던 빛나는 눈물들은 서랍 속에 넣어두고 지금은 잘 꺼내보지도 않는다

가끔 찾아오던 원망에 대해서는 걱정하지 않아도 된다

지금은 모든 것이 시들어가서 아름다운 계절이다

어제는 단풍나무 숲 속에서 외로움과 만나 인사를 나눴다

한적한 오후를 거닐다가 쓸쓸함을 따라가서 낮이 밤보다 짧아진 풍경 속을 돌다왔다

붉게 물들어가는 당신의 몇 장 손바닥들과도 악수하고 왔다

창가에 서서 나는 가끔은 바람을 잡고 논다

바람이 나를 흔들다가 놓아버리면 세상은 당신을 중심

으로 한 바퀴 크게 핑 돈다

이 어지러움은 당신을 향한 공전이 아니라 순환이다

창가에 서서도 창밖을 돌아다니다 보면 일기예보를 듣지 않아도 알게 되는 것이 있다

이제 이 세상에 추위가 닥칠 것이다

오래전 헤어진 당신을 지금 생각하는 것은 내 잘못이다

내 잘못으로 인해 세상이 추워졌으니, 미리부터 추위를 걱정해야 하는 것들에게,

나는 미안하다

파문

강변에 앉아 잔잔한 수면 위에 돌 던지면 교향악처럼 첫소절을 찍는 파문 둥글게 돌아가는 물의 음반에 귀 기울여 보라

수만 년 소리를 숙성시킨 물의 나이테가 강바닥의 침전물로 돌아가기 앞서 누군가 떠오른다면 그대 또한 옛날에는 강의 일부였다

가슴속 깊은 수심은 오래전 그대가 강이었던 단 하나의 흔적, 몸속 물 유전자들이 기억보다 먼저 파문에게 아는 척할 것이다

안테나를 뽑아든 억새들이 수면을 수신한다 강변의 모든 나무속에서도 음반 돌아가는 소리,

잘려나간 나무등걸 위에 그대 몸 올려놓으면 나무의 중심부에서부터 크게 한번 출렁였다가 일제히 그대 몸속까

지 번져오는

    ((((((((((((파))))))))))))

            ((((((((((((문))))))))))))

해설

'도시' 라는 야생과 몰락하는 수컷의 운명

고봉준(문학평론가)

*

이동호의 시에는 '세계' 가 없다. '세계' 가 어떤 공간을 가리키는 것이라면 존재한다고 말할 수도 있겠으나, 한 철학자의 말처럼 사람들 각자가 자신의 삶에 관심을 기울이면서 수많은 존재자들과 유의미한 관계를 맺고 살아가는 것이 '세계' 라면, 우리들 각자가 삶의 목적에 따라 의미 있는 관계를 통해 '세계' 를 만들어 나가는 것이라면, 이동호의 시에 '세계' 는 없다고 말하는 것이 적절할 듯하다. 그의 시는 탈출구가 존재하지 않는, 사방이 거대한 콘크리트 장벽으로 차단되어 밀폐된 도시-공간에서 의미나 방향이 부재하는 현대적 삶의 우울한 모습을 기록한 인류학적 보고

불빛들은 어둠이 잠든 주변을 서성이다가 배부름이 지루함으로 변하고서야 어둠을 흔들어 깨운다 어둠 주변으로 흩어졌던 불빛이 하나둘 다시 모이고 불빛이 어둠을 핥는다 어둠이 서서히 지워진다 멀리 개 짖는 소리 들리고 먼 불빛까지 모조리 불러 모으고서야 어둠이 불빛들을 몰고 나와의 경계를 넘어 집으로 돌아간다

아파트를 주거지로 살아가는 나도 한 마리 짐승이다 나는 야행성이다 창을 통해, 사라지는 어둠의 뒷모습을 바라보다가 세상이 환해지고 나서야 이랴 이랴, 꿈을 몰고 잠 속에 든다

—「내셔널지오그래픽」 부분

이동호의 시에서 '도시'는 일상의 공간이지만, '일상'이라는 단어에서 연상할 수 있는 긍정적인 느낌이 전혀 없는 '야생'의 공간이다. 이 야생의 공간에 대한 적나라한 문명사적 보고가 바로 이동호의 시세계의 한 축을 형성하고 있다. 차가운 자본의 질서가 지배하는 적자생존의 공간이라는 의미일까? 시인은 '도시'의 풍경에 '내셔널지오그래픽'이라는 반어적인 제목을 붙여 놓았다. 왜 시인은 자연, 탐험, 고고학, 인류학 등을 연상시키는 '내셔널지오그래픽'이라는 기호를 '도시'라는 인공적인 공간과 연결시켜

놓았을까? 이 의문에 대한 답을 구하는 과정이 곧 그의 시를 이해하는 하나의 방법일 것이다. 이동호 시의 매력은 디스토피아에 근접한 세속도시의 출구 없는 삶과 황폐한 느낌을 특유의 이미지로 형상화한다는 데 있다. 예컨대 이러한 이미지들의 특징 가운데 하나는 "딱딱한 달"(「리모트 컨트롤」), "딱딱한 허공"(「환승」), "어린 건물들"(「풍선」), "감나무 가지에 홍시처럼 매달려 있는 그"(「폐가」), "고물상 가건물 지붕 위에 걸린 고장 난 달"(「모퉁이 고물상」), "화장실에 들어와 앉은 엉덩이처럼 둥근 달"과 "사람을 닦고 버린 냄새 나는 구름들"(「소화되다」) 등처럼 유동적인 자연적 대상을 인공적·고체적인 무생물처럼 감각하거나 자연 자체를 그로테스크한 장면들과 접합함으로써 부정적인 이미지로 재맥락화하는 것이다.

인용시에서 화자는 거실에 누워 도시에 어둠이 내려앉는 것을, 어둠과 함께 불빛들이 등장하는 풍경을 바라보고 있다. 흥미롭게도 화자에게 어둠과 불빛이 공존하는 이 장면은 "불빛이 도시를 뜯어먹"는 모습으로 감각된다. 이러한 야생의 상상력이 "불빛에게 이 도시는 매일 뜯어먹어도 다음날이면 다시 자라나는 고마운 풀밭이다"라는 진술을 가능하게 만든다. 야생의 상상력은 여기에서 멈추지 않는다. 화자에게 하늘에 떠 있는 '달'은 "불길한 짐승"이거나 "야수의 눈빛"이고, 수많은 별빛들은 '달=짐승'의 "사나운 이빨"처럼 보인다. 화자는 야생의 도시를 어슬렁거리며 기어가는 길을 "커튼 뒤에 숨어"서 지켜보면서 불현듯 도시를 에워싸고 있는 "외곽(外廓)도 한 마리 짐승일 수 있다"라고 상상한다. 요컨대 도시를 둘러싸고 있는 모든 것들이 화자에게는 '짐승'으로 느껴지는 것이다. 그런데 도시에서 '어둠'과 '불빛'이 분리되지 않듯이, 도시를 둘러싸고 있는 것들과 도시 또한 분리되지 않는다. 아니, 도시 자체가 크고 작은 짐승들이 거주하는 공간인지도 모른다. 그리하여 도시의 어둠을 비추던 하늘의 '달'과 '별'에서 '짐승'을 발견하던 시선은 "건널목은 이상한 짐승들의 주거지다"라는 진술처럼 어느덧 지상의 모든 불빛들에서도 '짐승'의 흔적을 읽고 있다. 건널목에 걸려 있는 신호등, 가끔은 짐승들이 로드킬(Road Kill) 당해 목숨을 잃어버리는 건널목 또한 '육식동물'의 일종일지 모른다는 의심의 시선이 등장한다. 그렇다면 이 '시선'의 종착지는 어디일까? 바로 "아파트를 주거지로 살아가는 나도 한 마리 짐승이다"라는 진술처럼 도시 공간에 살고 있는 '인간'이다. 인류는 오랫동안 스스로를 '동물' 또는 '자연'으로부터 분리하려고 노력해왔다. 그것을 위해 인류는 언어를, 사랑을, 이성적 능력을 근거로 제시해왔고, 눈부시게 발전한 근대 이후의 문명으로 말미암아 마침내 그 욕망을 성취한 듯했다. 하지만 "부산사람을 서울사람으로 만드는 데 걸리는 시간이 겨우 2시간 50분이다 그들을 변화시키는 힘은 돈이 당근이다"(「내셔널지오그래픽」)이라는 말처럼 시인의 눈에 그것은 인간의 능력이 아니라 '돈'의 힘으로 보인다. 오히려 그 세계에서 인간은 "나무벤치의 일부였다가 저녁이 되면 썩은 나뭇가지처럼 뚝 끊어져 나오는 사람들이 있다"라는 표현처럼 점차 '자연'의 일부로 퇴행하고 있다. 이동호의 시에서 이 퇴행을 상징하는 하나의 기호가 바로 '짐승'이다.

> 늦은 밤, 거리를 걷다가 하늘을 본다
> 하늘에는 밖으로 통하는 무수한 구멍들이 있고
> 구멍 속으로 도망가듯 막 빠져나가는
> 별빛의 길고 가는 꼬리가 보인다
> 어둠의 영역을 통과하면 눈이 침침한
> 늙은 신이 주인으로 사는 낡은 우주가 있고
> 그곳에는 쥐구멍을 통해 나를 노려보는
> 신이 애지중지 키운, 외눈박이 고양이가 있다
> 달빛이 밝아 어둠들이 우왕좌왕 한다
> 달이 모든 것을 노려보고 있었으므로
> 골목에는 아직 이부자리에 눕지 못한 창들이 많다
> 저들처럼 나도 가끔 저 달빛이 몸서리치게 두렵고
> 목이라도 뜯긴 것처럼 소름 끼치고

달빛에게 누군가를 잃은 것처럼 슬플 때 있다
그러므로 나는 설치류에 가깝다
어두워지면 나는 가로등을 지나
슬픔이 가득한 오줌보를 몸에 지니고
골목으로 기어들어 전봇대를 축축하게 적신다
몸을 텅텅 비운 채 하늘을 바라보면
내가 지나온 구멍들이 잘 보인다
늙은 신도 불을 끄고 이부자리에 들었고
이제 나도 자취방 속으로 기어들어야 할 시간,
늘 그랬던 것처럼 유리창은 흐려 있을 것이다
곧 고양이 울음소리가 크게 들릴 것이고
그들에게 쫓겨 작고 투명하고 빛나는 것들이,
지붕을 마당을 창문을 꿈속을 떼 지어 몰려다니리라
아침이면 나는 제대로 잠들지 못한 눈으로
대문 밖으로 또 이른 출근을 서두른다
방문을 열면 나보다 일찍 일어나
대문을 활짝 열어놓고 막 골목을 빠져 나가는
꼬리 긴 짐승들이 보인다

—「쥐」 전문

이동호의 시에서 '동물'은 기성질서를 교란하는 변이의 능력이 아니라 '세계'의 부재를 보여주는, 현실 세계의 디스토피아적 성격을 암시하는 퇴행의 상징이다. 그런 점에서 그것들은 중립적인 '동물' 이라는 기호보다는 '짐승' 이라는 부정적인 기호로 표현되는 경우가 대부분이다. 이 시에 등장하는 '설치류', 즉 '쥐' 또한 같은 맥락이다. 나아가 시인은 「전봇대와 개」에서 '남자(인간)' 와 '개' 를 동일한 층위에서 비교함으로써 인간이 오랫동안 상상해왔던 비교 우위를 부정해버린다. 아니, "사람들에 비해 개들은 여유가 있다", "저 열매의 주인은 개다", "개는 저 전봇대를 부끄러워하지 않는다" 등의 진술은 오히려 '개' 가 '남자(인간)' 보다 우위에 있음을 은연중에 드러내고 있다.

인용시의 화자는 밤거리를 걷다가 불현듯 하늘을 본다. 자연 서정을 노래하는 시인들에게 '하늘' 은 별빛이 반짝이는 이상적 초월의 세계일 수 있지만, "하늘을 쳐다보는 법"(「팅커벨」)을 잊어버린 사람들에게 '하늘' 은 초월의 신성한 의미를 갖지 못한다. 우리는 이미 "하늘을 쳐다보기에는 이 도시의 밤이 너무나 화려하다"는 사실을 알고 있고, 이 도시에서 태어나 어른이 된 아이들은 아무도 동화 속에 등장하는 "후크 선장을 겁내지 않는"다. 화자에게 그런 하늘은 '무수한 구멍' 이 존재하는 곳으로 상상된다. '구멍' 은 '문', 즉 이 "풍진 세상"(「선물상자」)을 벗어날 수 있는 '출구' 가 아니며, 한때 인간이 초월적인 세계에 존재한다고 믿었던 신성한 대타자와 연결되어 있는 '통로'

도 아니다. 시인에게 그 '구멍'은 "늙은 신이 주인으로 사는 낡은 우주"를 향해 뚫린 '쥐구멍'과 같은 것, 그리하여 "신이 애지중지 키운, 외눈박이 고양이"가 그 구멍을 향해 '나'를 노려보는 감시 장치로 상상된다. 이처럼 하늘에 붙박힌 별빛들이 '구멍'이 되고, 그 구멍을 향해 외눈박이 고양이가 세속도시의 밤을 감시할 때, 그곳에서 살고 있는 '나'는 '설치류'로 전락하고 만다. 그런데 이 세속도시에 기거하는 설치류에게는 또 하나의 비극적인 운명이 있으니, 그것은 어떠한 일이 있더라도 해가 뜨면 어김없이 "출근" 길에 나서야 한다는 사실이다.

*

복도, 자동센스 전등에 불 켜지고, 하이힐 소리, 깜깜한 구멍 속으로 열쇠 밀어 넣는 소리, 들린다 나는, 소리만 들어도, 안다

그녀는 무척 느긋한 성격이다

옆집 문이 쉽게 열리지 않는 것은 부족한 전희 때문? 하지만, 조금만 더 힘주면, 집은, 억지로라도 그녀를 허락할 수 밖에 없다

문은 이미 그녀에게 익숙해져 있다
가재도구며 욕실이며 푸들까지도 그녀에겐, 열고 닫는 문이다

그녀는 저녁 여섯 시에 출근하여 새벽 네 시에 퇴근한다
하이힐 소리가 들리면, 그 집 문처럼 내 몸도 열릴 것 같다
그녀가 나를 문처럼 열고 들어오길 숨죽이고 기다린다 하지만 열리는 것은 늘 옆집 문뿐이다

하루는 퇴근하는 나와 출근하는 그녀가 엘리베이터 입구에서 만났다 나는 그녀 앞에서,
내 몸을 단속할 수가 없었다 눈과 눈이 마주친 찰라 그녀는, 내가
자신의 문이라는 것을 단박에 알아차렸다

짙은 화장품 냄새가 내 몸을 따고 들어왔다
나는 자꾸 벌컹거렸다 나도 내가 그녀의 집이라는 것을 인정할 수밖에 없었다

나를 열고 그녀가
들락거렸다

—「옆집 그 아가씨」 전문

두 번째 장은 디스토피아를 연상시키는 세속도시에 거주하는 사람들, 특히 그들이 타인들을 대하는 방식에 관한 이야기가 중심이다. 도시의 거주자들은 "더 이상 오르지 못하고 계단을 내려간 사람들이/ 계단 아래 영영 눌러앉아 도시를 이루었다"(「노인과 계단」)라는 진술처럼 '초월/ 하늘'에 오르기를 포기한 사람들이다. 그러므로 도시에는 천사가 없다. 한때 사람들은 어린 아이를 '천사'에 비유하기도 했으나 도시에서 아이는 "바지 주머니에 열쇠가 박히자 아이가 덜커덩 열렸다"(「사물함」) 이미 '사물함'이라는 사물로 변신하고 있다. 그렇다면 어떤 인물들이 이 도시 거주자로 그려지고 있을까? 시인-화자의 가족을 제외하면 거리에서 우연히 마주쳐 술에 취해 제 삶을 나에게 쏟아 붓고 사라진 동창 여자(「주(酒)기도문」), 낮 근무를 마치고 돌아와 화장을 하고 퉁퉁 부은 눈으로 도시를 만나러 나서는 "어른이 된 아이들"(「팅커벨」), 첫눈이 내린 세상을 가로질러 "이곳보다 더 추운 곳에서 보내 올 늦은 답장"(「우체국, 간다」)을 기대하며 봉투를 붙이는 사내, "터질 것 같은 전봇대를 꽉 움켜잡고 골목으로 급하게 뛰어 들어"(「전봇대와 개」)오는 남자, 간밤에 큰 소리로 우는 소리를 낸 윗집 사람들(「독서」), 공원 벤치에 누워 시간을 기다리는 사내(「꽃」), 이태리 산 낡은 소파에 앉아 맞은편의 허무와 대작하다 조금씩 몸을 접는 고물상 박씨(「모퉁이 고물상」), 동전 몇 푼 때문에 욕설을 주고받으며 싸우는 그녀(「재래시장」) 등이 그들이다. 이들 모두가 등장하는 '드라마'는 어떤 내용으로, 어떤 결말로 막을 내리게 될까?

이동호의 시에서 '문'은 사물—대상이면서 동시에 도시적 삶을 지시하는 상징이다. 그는 "현관문들이 맛있게 익은 사람들을 한 공기 드신다", "저녁 무렵이면 현관문을 통해 사람들이 한꺼번에 바깥으로 배출된다"(「소화되다」)처럼 도시인들의 일상적 삶을 '문'을 들고 나는 행위로 표현한다. 그리고 인용시의 화자가 그렇듯이 삶에 대한 이러한 도시적 감각은 때로는 인간관계에까지 확장되어 사용된다. 화자와 '옆집 아가씨'의 이웃관계는 대면 관계가 아니라 '소리'를 통해 상상하는 관계이다. 아파트가 유일무이한 도시의 주거형태로 자리 잡음으로써, 또한 대부분의 아파트가 건축 비용과 공사기간을 단축시키기 위해 최소한의 방음 장치만을 갖춤으로써 아파트에 거주하는 사람들은 '소리'를 통해 이웃과 관계를 맺으며 살아간다. 비록 이 소리를 통한 관계가 드물지 않게 심각한 갈등으로 치닫기도 하지만 대부분의 경우 화자의 상상이 그렇듯이 자신의 일상적 질서를 혼란스럽게 만들지 않는다. 오히려 도시인들이 가장 곤혹스러운 순간은 설령 그것이 이웃이라 할지라도 타인과 직접 대면하게 되는 때이다. 예컨대 "퇴근하는 나와 출근하는 그녀가 엘리베이터 입구에서" 마주치는 순간이 그때이다. 물론 이 만남에서 특별한 의미가 발생하지는 않는다. 오히려 이러한 우연적이면서도 일상적인 만남은 「드라마」에서 '나'와 '여자'의 관계가 그렇듯이 묘한 긴장감을 발생시킨다. 도시가 일반화되기 이전의 세계에서 인간이 두려움을 느낀 대상은 맹수, 귀신, 어둠 등이었다. 하지만 현대문명은 도시에서 빠르게 어둠을 몰아내었고, 자연을 개발 대상으로 만들어버린 인류에게 맹수는 이제 두려운 존재가 아니다. 현대사회에서 인간이 두려워하는 유일한 존재는 바로 인간, 즉 타인이다. 특히 어두운 밤거리나 엘리베이터 같은 밀폐된 공간에서 우연히 마주치게 되는 타인이야말로 현대인에게는 '지옥'이 아닐 수 없다. 낯선 남녀가 엘리베이터를 함께 타게 되었을 때 여성이 불안함을 느껴서 휴대폰을 만지작거리거나, 그런 여성의 모습 때문에 불편함을 느낀 남성이 자신을 "여자의 가장 먼 곳 벽에 전단지처럼 붙여놓는"(「드라마」) 연기(演技)를 행하는 것은 하루에도 몇 번씩 경험하게 되는 일상이다.

*

세속도시에 관한 인류학적 보고서의 세 번째 장의 주제

는 '가족' 이다. 이동호의 시세계에서 '가족' 은 아버지—가장(家長)의 죽음을 정점으로 한 비극적인 가계(家系)에 관한 이야기와, 해체 상태를 향해 달려가는 현대적 가족 관계의 단면을 보여주는 가족 '드라마' 가 교차하는 지점에 위치하고 있다. 그의 시에서는 과거와 현재, 집단과 개인이라는 이질적인 계열들이 '가족' 을 매개로 교차한다. 그러므로 한 가계의 예외적인 경험에서 출발하는 '가족' 에 대한 시인의 문제의식은 종종 동일한 시간대를 살고 있는 세대가 '가족' 에 대해 갖고 있는 공통 감각을 건드림으로써 보편적인 성격을 획득한다.

열린 창문 너머로 밤하늘이 보인다
아내가 창문 아래 세워놓은 스팀다리미는,
벽시계의 초침이 카운트다운을 끝내는 순간,
우주선이 되어 하늘을 날아오를 것이다
어린 시절 아버지는 술주정뱅이였다
그 경지가 높아서 아버지는,
술을 마시지 않은 날에도 만취상태였다
어머니는 늦게 배운 바느질 솜씨로
산격동에서 서문시장까지 비단길을 닦았다
한복에 동정을 달던 어머니 이마 위 주름살을
아버지가 다리미로 빳빳하게 펴놓은 날 밤

어머니는 다리미 줄을 목에 감았다
나는 아버지를 향해 식칼을 휘둘렀다
작은누나는 골방에서 무릎 꿇고 아버지가
얼른 떠나기를 구들장에게 빌고 또 빌었다
아버지는 그런 가족들을 피해
서둘러 무덤 속으로 도망쳤다
잊을 만하면 다리미를 타고 아버지가 찾아왔다
아내가 빳빳하게 다린 옷의 주름이
어머니 같아서 다리미를 힘껏 던진 것이었는데,
다리미가 아내의 허벅지에 불시착했다
제 방에서 공부하던 아들이 멱살을 붙잡았다
연락을 받고 날아온 처갓집이 주먹을 휘둘렀다
나는 도망가듯 작은 방에서 별거했다
작은 방 벽에 달린 시계초침의 카운트다운이
언제부터 시작되었는지 나는 잘 알지 못한다
중요한 것은 내가 이미 점화되었다는 거다
이혼서류의 적색버튼을 꾹 누르면,
나는 창 밖 밤하늘을 향해 날아오를 것이다
내가 가야 할 목적지가 창 밖 먼
별자리에서 반짝인다

—「다리미」 전문

비극적인 가족사의 중심에는 '아버지'가 있다. 물론 "처녀의 몸으로 미군부대를 잉태"(「하얄리아」)한 고모와 그녀를 태평양 건너편으로 던져버린 할아버지, 역사적 격동기에 남편과 자식을 한꺼번에 잃어버린 삼밭 마을 작은 할머니 이야기도 비극적이라고 말할 수 있다. 하지만 화자가 회고하는 비극적인 가족 이야기의 중심에는 이미―항상 문제적인 '아버지'가, '아버지'라는 문제적인 존재가 자리하고 있다. "태초에 아버지의 트럭이 있었다 아버지는 시멘트로 이 세상을 지으셨다"(「레미콘 트럭」)라는 진술처럼 화자가 기억하는 최초의 장면 속에서 아버지는 레미콘을 운전하여 세상을 만드는 창조자였다. 그리고 한때나마 그는 아이스크림을 먹고 있는 형제의 머리를 쓰다듬는 자상한 아버지의 모습을 보이기도 했다. 하지만 「다리미」의 화자가 회고하는 바에 따르면 '술주정뱅이'였다. "그 경지가 높아서 아버지는,/ 술을 마시지 않은 날에도 만취 상태였다" '술주정뱅이' 남편을 둔 이유로 어머니가 바느질로 가속의 생계를 해결해야 했으니, 하루는 아버지가 어머니에게 다리미를 던지는 가정폭력이 발생했다. 그 일로 인해 어머니는 "다리미 줄을 목에 감았"고, 화자는 "아버지를 향해 식칼을 휘둘"렀다.

무책임하고 무능력한 가장(家長)의 내면을 구체적으로 확인할 길은 없으나 이동호의 시에 등장하는 모든 남성들은 공통적으로 무능력하다. 한때는 자신이 세상의 중심이라고 생각했을 사내들이 시인의 문장 속에서는 모두 권위를 잃어버리고 퇴물처럼 낡아간다. 가령 '우리 동네 정씨 아저씨'는 빚쟁이를 피해 "저수지의 과녁 속으로 숨"(「과녁」)었고, '폐가'의 주인은 "감나무 가지에 홍시처럼 매달"(「폐가」)렸다. 그런 점에서 "아들에게 안긴 가루가 된 아버지"(「선물상자」)의 모습은 사뭇 전형적이다. 화자의 아버지 역시 "배가 헬륨을 넣은 것처럼 점점 부풀어"(「풍선」) 오르다가 끝내 하늘로 올라갔다. 심한 우울증을 앓다가 "수면제 오십 알을/ 한꺼번에 입속에 털어 넣"(「나사렛」)은 친구 또한 어떤 집안의 가장, 누군가의 아버지가 아니었을까. 이처럼 이 '도시'라는 야생의 세계에서 살아가는 '수컷'의 운명이 대동소이하다면 화자 역시 그 운명적인 반복을 벗어나기 어려울 것이다. 실제로 세월이 흘러 어머니의 '다리미'가 아내의 '스팀다리미'로 바뀌었지만 상황은 달라지지 않았다. 이번에는 '나'가 아내를 향해 다리미를 던지는 사건이 발생했다. 사건이 발생하자 아들이 '나'의 멱살을 잡았고, 처갓집 사람들이 주먹을 휘둘렀다. 과거 아버지는 '무덤'으로 도망쳤지만, 죽음을 수락하지 않은 '나'는 작은 방에 칩거하면서 '별거'하는 것으로 그것을 대신한다.

창문은 반쯤 열려있다
창 밖에서 어둠이 훔쳐보는 줄도 모르고
여자는 TV를 시청하고 있다
그녀의 몸은 소파에 둥둥 떠 있었지만
마음은 이미 그녀를 떠나고 없다
텅 빈 그녀의 몸에서 뻗어나간 다리가
허공을, 밟고 있다
주문도 없이 현관문이 열렸다 닫힌다
발자국 소리도 없이 아이가 제 방에 누워 있다
형광등 불빛이 아이의 목덜미를 깨문다
아이가 돌아눕자 방안이 관속처럼 변한다
아이는 무어라 혼자 중얼거렸지만
소리가 아이의 몸 바깥으로 빠져나가지는 못한다
아이의 귀에는 십자가처럼 이어폰이 꽂혀있다
화장실에서는 알 수 없는 말소리가 들린다
문을 열자 아무도 없다
배수구 틈으로 누군가 있었던 인기척처럼
마른 머리카락이 걸려 있다
머리카락을 잡아당기면
익숙한 머리통이 서서히 끌려나올 것만 같다
거울 속으로 무표정한 얼굴이 잠시 나타났다 사라진다
수도꼭지가 물방울로 배수구를 죽일 듯이

꾹꾹 찔러대고 있다
자정이 지난 다음에야 사내가 돌아온다
사내는 여자를 한번 쳐다보고는
곧장 방으로 들어간다
그런 남자의 뒤통수를 향해 꺾이던
여자의 고개가 다시 TV 속으로
툭, 굴러 떨어진다

—「조용한 가족」 전문

'사내-여자-아이'가 등장하는 이 드라마는 관찰자의 시점으로 그려져 있다. 만일 첫 장면("창 밖에서 어둠이 훔쳐보는 줄도 모르고/ 여자는 TV를 시청하고 있다")을 1인칭 시점으로 바꾸면 "아랫목에 누워 아내가 드라마에 몰입한다/ 나는 그런 아내를 연속극처럼 바라본다"(「리모트 컨트롤」)라고 표현할 수 있지 않을까. 인용시에 등장하는 익명의 한 집안의 풍경은 결국 시인-화자 가족의 모습과 다르지 않으며, 나아가 현대사회에서 가족이 직면해 있는 현실을 보여주는 것으로 이해할 수도 있다. 그런데 이동호 시의 등장인물들은 '가족' 또는 '가정'이라는 울타리 안에서는 대개 무기력한 형상으로 그려진다. 이미 마음이 육체를 떠난 상태로 텔레비전을 시청하고 있는 여자, 발자국 소리도 없이 자신의 방에 누워 있는 아이, 자정이 지나 귀가했으나 소파 위에서 잠든 아내를 힐끗 쳐다보고 말없이 방으로 들어가는 사내. '가족'이라는 법률적 장치로 묶여 있으나 이들 사이에서는 최소한의 인간적 유대조차 느껴지지 않는다. 이러한 풍경은 아랫목에 누워 드라마에 몰입한 아내와, 그런 아내를 '연속극'처럼 쳐다보는 남편 사이에서도 동일하게 확인된다. 아내가 리모컨의 채널을 누를 때마다 화면 속의 계절은 바뀔지언정 "아무리 눌러대도 창밖은 변화가 없"(「리모트 컨트롤」)듯이 이들 가족의 음울한 풍경이 바뀔 가능성은 없어 보인다. 그리고 이 대책 없는 풍경 속에 "어머니로부터 물려받은 권총만 종일 만지작거"(「총잡이」)리면서 시간을 보내는 '나'라는 인물이 존재한다. 예의 비루하고 무력한 수컷의 형상에 가까운 '나'는 "종일 텔레비전을 켜놓고 강도를 응원"하는 것 외에 할 수 있는 일이 없다. 이 사내는 "저 고추처럼 붉게 잘 익어/ 풍성하게 수확"(「고추밭을 지나다가」)되기를 기대하지만 정작 "화장실 변기통을 향해 권총을 정조준"(「총잡이」)하는 것 정도만 실행할 수 있다. '세계'라고 이름 붙일 수 없는 야생의 도시 공간에서는 자신을 '총잡이'라고 상상하는 수컷들 역시 소멸의 운명을 피할 수 없다. 이동호의 시는 이 소멸의 운명 앞에서 내지르는 짧은 단말마가 아닐까.

애 지 시 선

002 붉디 붉은 호랑이 장석주 시집
003 붉은 사하라 김수우 시집
004 자전거 도둑 신현정 시집
005 정비공장 장미꽃 엄재국 시집
006 기차를 놓치다 손세실리아 시집
007 바람의 목례 김수열 시집
008 그리운 연어 박이화 시집
009 뜨거운 발 함순례 시집
010 정오의 순례 이기철 시집
011 그 남자의 손 정낙추 시집
012 즐거운 세탁 박영희 시집
013 구룡포로 간다 권선희 시집
014 좋은 날에 우는 사람 조재도 시집
015 여수의 잠 김열 시집
016 축제 김해자 시집
017 뜻밖에 박제영 시집
018 꽃들이 딸꾹 신정민 시집
019 안개부족 박미라 시집
020 아배 생각 안상학 시집
021 검은 꽃밭 윤은경 시집
022 숲에 들다 박두규 시집
023 물가죽 북 문신 시집
024 마늘 촛불 복효근 시집
025 어처구니 사랑 조동례 시집
026 소주 한 잔 차승호 시집
027 기찬 날 표성배 시집
028 물집 정군칠 시집
029 간절한 문장 서영식 시집
030 고장 난 아침 박남희 시집
031 하루만 더 고증식 시집
032 몸꽃 이종암 시집
033 허공에 지은 집 권정우 시집
034 수작 김나영 시집
035 나는 열 개의 눈동자를 가졌다 손병걸 시집
036 별을 의심하다 오인태 시집
037 생강 발가락 권덕하 시집
038 피의 고현학 이민호 시집